Nuevos
Gorros de Punto

Editora: Eva Domingo

Publicado por primera vez en Alemania por Frech-Verlag GmbH,
bajo el título: *Kopfsache. Mützen Stricken.*

© 2012 *by* frechverlag GmbH, Stuttgart, Alemania, Topp 6778
© 2013 de la versión española
  by Editorial El Drac, S.L.
  Marqués de Urquijo, 34. 28008 Madrid
  Tel.: 91 559 98 32. Fax: 91 541 02 35
  E-mail: info@editorialeldrac.com
  www.editorialeldrac.com

Fotografía: frechverlag GmbH, 70499 Stuttgart; lichtpunkt, Michael Ruder, Stuttgart
Diseño de cubierta: José María Alcoceba
Traducción: María Soria
Revisión técnica: Esperanza González

ISBN: 978-84-9874-348-7
Depósito legal: M-21.764-2013
Impreso en España en Artes Gráficas COFÁS
Impreso en España – *Printed in Spain*

Nuevos
Gorros de Punto

42 modelos para cualquier estilo y ocasión

DRAC

¿Cuál es su look? Los gorros no tienen por qué ser una excepción. Son mucho más que un mero accesorio: con nuestros gorros expresamos nuestra personalidad. Por eso, toda mujer necesita disponer del gorro adecuado para cada ocasión: un gorro que se adapte exactamente a su propio estilo.

Pero no solo las distintas personalidades requieren unos gorros diferentes: también cada estado de ánimo exige tener el gorro adecuado. ¿Se sienten hoy muy nostálgicas y románticas?: ¿qué les parece ponerse un gorro tejido con hilo fino o con una ligera muestra calada? ¿Necesita un poco de recogimiento?: entonces viene bien un gorro grueso y muy suave. ¿Vemos todo de color gris?: ¡es el momento de emitir dosis de buen humor con colores y muestras muy llamativas!

Un gorro es el proyecto ideal para tejer; no es tan difícil como tejer guantes ni tan grande como un jersey. Un proyecto genial para acompañarnos en los viajes, se termina en poco tiempo y a pesar de eso es un trabajo muy creativo.

¡Busquen el gorro adecuado o aprovechen para elegir varios modelos!

ABREVIATURAS

ag. = Aguja (s)	m.bas. = Medio bastoncillo	pas. = Pasada
aprox. = Aproximadamente	p. = Punto	pas.i. = Pasada ida
arr. = Arrollado	p.a. = Punto al aire	pas.v. = Pasada vuelta
bas. = Bastoncillo	p.b. = Punto bajo	rep. = Repetir
c. = Color(es)	p.cad. = Punto de cadeneta	sig. = Siguiente(s)
j. = Junto	p.d. = Punto doble	v. = Vuelta
j.ag. = Juego de agujas	p.or. = Punto orillo	

GRADOS DE DIFICULTAD

 Rápido y fácil

 Se requiere un poco de práctica

  Para avanzados

Contrastes

[FRAUKE KIEDAISCH]

GRADO DE DIFICULTAD

TAMAÑO

Contorno de cabeza: 54-58 cm

MATERIALES

Lana Grossa Ragazza Lei (40 m/50 g)
en fresa (c. 15), 100 g, y en rojo
(c. 33), 50 g

Juego de agujas, de 10 mm

Aguja circular, de 10 mm y 60 cm
de largo

Marcador de puntos

PRUEBA DE PUNTOS

En muestra de cable con ag.
de 10 mm:
8 p. y 22 v. = 10 x 10 cm

MUESTRA TIRA

Tejer 1 p. del revés, 1 p. del derecho
en alternancia.

MUESTRA DE CABLE

La muestra de cable se teje con la sig. cadencia
de colores:
8 v. en c. rojo, 10 v. en c. fresa, 8 v. en c. rojo, 6 v.
en c. fresa.
1.ª v.: tejer 1 p. del revés, 1 p. del derecho en
alternancia.
2.ª v.: * 1 p. del revés, deslizar 1 p. con 1 arr. como
para tejer del revés, a partir de * rep. siempre.
3.ª v.: * deslizar 1 p. con 1 arr. como para tejer
del revés, el p. sig. se teje del derecho junto
con el arr., a partir de * rep. siempre.
4.ª v.: * tejer el p. del revés junto con el arr.,
deslizar el sig. p. con 1 arr. como para tejer
del revés, a partir de * rep. siempre.
Rep. siempre las v. 3.ª y 4.ª.

INSTRUCCIONES

Montar 40 p. en c. fresa repartidos en el j.ag.
(= 10 p. por ag.), cerrar para formar un círculo y
tejer 4 v. en muestra tira. Comenzar siempre la v.
con 1 p. del revés. A continuación, cambiar para
seguir con la ag. circular en muestra de cable
y la secuencia de colores durante 32 v., marcar
al mismo tiempo el comienzo de las v. Las 4 v. sig.
se tejen en c. fresa con el j.ag. y el gorro se
termina de la sig. forma:
1.ª v.: * 1 p. del revés, tejer del derecho el p. sig.
con el arr., a partir de * rep. siempre.
2.ª v.: tejer juntos siempre 2 p. del derecho
(= 20 p. o 5 p. por ag.).
3.ª v.: tejer 20 p. del derecho.
4.ª v.: tejer siempre juntos 2 p. del derecho
(= 10 p.).

TERMINACIÓN

Juntar los restantes 10 p. con el hilo final
y rematar todos los hilos.
Realizar un pompón de 10 cm Ø en c. fresa
(ver página 95) y coserlo al gorro.

Naturaleza pura

[HEIKE ROLAND]

GRADO DE DIFICULTAD

TAMAÑO
Contorno de cabeza: 52-56 cm

MATERIALES
Lana Grossa Alta Moda Alpaca
(140 m/50 g) en natural (c. 014), 100 g

Juego de agujas, de 5 mm

Aguja para trenzar

PRUEBA DE PUNTOS
Liso del derecho con ag. de 5 mm:
17 p. y 22 pas. = 10 x 10 cm

ESQUEMA DE PUNTOS
Página 91

MUESTRA ACANALADA
Tejer 2 p. del derecho, 2 p. del revés, en
alternancia.

MUESTRA TRENZA
Tejer conforme al esquema de puntos. Hasta
la v. 35.ª solo se dibujan las vueltas impares,
en las v. pares los p. se tejen tal como aparecen.
A partir de la v. 36.ª se dibujan todas las v.
La serie de 66 p. se trabaja 2x y las v. 1.ª-53.ª
se tejen 1x.

INSTRUCCIONES
Montar 132 p. y distribuirlos en el j.ag. alternando
34 p. (1.ª y 3.ª ag.) y 32 p. (2.ª y 4.ª ag.).
Cerrar para formar un círculo y tejer 10 v.
en muestra acanalada. A continuación, comenzar
con la muestra trenza. Después de la v. 53.ª,
juntar los restantes 40 p. con el hilo y rematar
todos los hilos.

Nostalgia

[LYDIA KLÖS]

GRADO DE DIFICULTAD

TAMAÑO

Contorno de cabeza: 56-58 cm

MATERIALES

Schachenmayr/SMC Extra Merino
(130 m/50 g) en azul marino (c. 50),
100 g

7 juegos de agujas, de 3 mm

Cuentas blancas de rocalla, de
4 mm Ø, y cuentas amarillas,
de 2,6 mm Ø

Resto de hilo de coser en c. azul

Aguja fina de coser o para engarzar
cuentas

Plancha de gomaespuma en c. azul,
20 x 30 cm, 2 mm de grosor

PRUEBA DE PUNTOS

Liso del derecho con ag. de 3 mm:
24 p. y 33 pas. = 10 x 10 cm

MUESTRA CON NÚMEROS

Página 91

PATRÓN

Página 90

MUESTRA TIRA

Número de p. divisible por 3.

1.ª v.: tejer 2 p. del derecho, 1 p. del revés en
alternancia.

2.ª v.: 2 p. del derecho cruzados (= tejer primero
el 2.º, luego el 1.er p. del derecho), 1 p. del revés en
alternancia. Rep. siempre las v. 1.ª y 2.ª.

LISO DEL DERECHO

En las pas. de ida, tejer p. del derecho; en las pas.
de vuelta, p. del revés. En v., tejer todos los
p. del derecho.

PASADAS ACORTADAS

1.ª pas. (= pas. de ida): tejer p. del derecho hasta
los dos últimos p., no tejer estos p., girar.

2.ª pas. (= pas. de vuelta): 1 arr., tejer p. del revés
hasta los dos últimos p., no tejer estos p., girar.

3.ª pas.: 1 arr., tejer del derecho hasta los tres
últimos p., girar.

4.ª pas.: 1 arr., tejer hasta los tres últimos p., girar.

5.ª-20.ª pas.: rep. siempre las pas. 3.ª y 4.ª y dejar
siempre 1 p. más sin tejer.

MOTIVO ANCLA

Tejer en p. liso del derecho pas. de ida y vuelta
conforme a la muestra con números e incorporar
las cuentas en los lugares señalados (ver página 94).
Tejer 1x las pas. 1.ª-16.ª.

INSTRUCCIONES

Montar 111 p., cerrar para formar un círculo y
distribuirlos entre 6 ag. (5x 18 p., 1x 21 p.),
trabajar 7 v. en muestra tira. Seguir en v. con p.
liso del derecho y en la 1.ª v. aumentar del
derecho cruzado a partir del hilo transversal,
tal como se indica, 66 p.: *2 p. del derecho,

aumentar 1 p., 2 p. del derecho, aumentar 1 p.,
1 p. del derecho, aumentar 1 p. A partir de * rep.
siempre, terminar con 1 p. del derecho (= 177 p.).
En la 2.ª v. al final de cada 2.ª ag. volver a
aumentar cada vez 1 p. (= 180 p.) y distribuir
de nuevo los p. de manera uniforme en 6 ag.
A los 10 cm a partir de la tira comenzar con los
menguados. En cada ag. tejer juntos sobrepuestos
del derecho los primeros dos p., seguir en p. liso del
derecho y tejer juntos del derecho los dos últimos
p. de la ag. (= 12 p. menguados por cada v.).
Rep. estos menguados en cada 2.ª v. hasta que en
cada ag. solo quede 1 p. Cortar el hilo y pasarlo
por los restantes p.

Para la visera, coger 47 p. del borde inicial en el
centro de la gorra, repartirlos en 2 ag. y tejer cada
vez 1 pas. de ida y de vuelta en p. liso del derecho.
Seguir con pas. acortadas y, al mismo tiempo,
a partir de la 3.ª pas. acortada incorporar en el
centro el motivo del ancla. Después de la 20.ª pas.
acortada trabajar otro arr. Después, tejer cada vez
1 pas. de ida y de vuelta sobre todos los p. y tejer
cada arr. junto con el sig. p. Terminar la visera,
igual pero al contrario, con pas. acortadas.
Para ello, en la 1.ª pas. de ida y de vuelta dejar los
11 últimos p., girar, trabajar 1 arr. y tejer siempre
1 p. más. Tejer cada vez el arr. en la sig. pas. junto
con el sig. p. A continuación, tejer 1 pas. de ida
y de vuelta sobre todos los p. Cerrar los p., cortar
el hilo y dejar que sobren unos 50 cm de largo.

TERMINACIÓN

Calcar el patrón de la visera, duplicarlo y cortar el
patrón en gomaespuma. Introducirlo en la visera
tejida y cerrar la abertura. Con hilo de coser
doble, coser la cadena del ancla con rocallas
amarillas.

Amor

[ANJA BELLE]

GRADO DE DIFICULTAD

TAMAÑO
Contorno de cabeza: 54-56 cm

MATERIALES
Schoppel Zauberwolle (250 m/100 g)
en almendra tostada (c. 1874) y en
lavado a la piedra (c. 1535),
100 g de cada una

Juego de agujas, de 2,5 mm
y de 3 mm

Aguja circular, de 3 mm

PRUEBA DE PUNTOS
Liso del derecho con ag. de 3 mm:
20 p. y 29 pas. = 10 x 10 cm

LISO DEL DERECHO
Tejer todas las v. en p. del derecho.

MUESTRA TIRA
Tejer 1 p. del derecho, 1 p. del revés en
alternancia.

TÉCNICA DOBLE FAZ
En la técnica doble faz, cada vez 2 p. en diferentes
colores forman un par de p. Para ello, conforme
a la distribución del c. tejer del derecho el 1.er p.
de cada par de p. (= p. del derecho), tejer del
derecho en el c. en que aparece. Tejer del revés
el 2.º p. (= p. del derecho cruzado) en el c. en que
aparece. En todas las v. sig. continuar también
en el c. en que aparecen con p. del derecho
o del revés.

AUMENTOS EN TÉCNICA DOBLE FAZ
En la ag. izquierda, levantar el hilo transversal
en ambos c. Luego tejer del derecho cruzado el
hilo delantero en el c. correspondiente, tejer
el hilo de atrás del revés cruzado.

MENGUADOS EN TÉCNICA DOBLE FAZ
Deslizar del derecho el 1.er p. del 1.er par de p.,
invertir los 2 p. sig. Siempre hay 2 p. del mismo c.
situados juntos. Tejer siempre del derecho juntos
los dos primeros p. en el correspondiente c., los
dos últimos p. se tejen juntos del revés.

INSTRUCCIONES
Montar 4 p. en c. lavado a la piedra, distribuirlos
en el j.ag. de 3 mm y cerrar para formar un círculo.
En la 1.ª v. duplicar todos los p. Para ello, de 1 p.
sacar cada vez 1 p. del derecho y 1 p. del derecho

cruzado (= 8 p.). En la 2.ª v. aumentar de la misma
forma, repartidos equitativamente, 4 p. (= 12 p.).
En la 3.ª v. duplicar todos los p. (= 24 p.). En la
4.ª v. * sacar para tejer 2x cada vez 1 p. del
derecho en c. lavado a la piedra y de 1 p. sacar
cada vez 1 p. del derecho cruzado en c. almendra
tostada, luego 2x de 1 p. sacar cada vez 1 p. del
derecho en c. almendra tostada y 1 p. del derecho
cruzado en c. lavado a la piedra. A partir de * rep.
hasta el final de la v. (= 24 pares de p.).
Seguir la gorra con la técnica de doble faz. Todos
los p. se tejen siempre en el c. en que aparecen.
Si es necesario, cambiar a la ag. circular. En la
5.ª v. tejer todos los p. tal como aparecen. En la
6.ª v. * tejer un par de p., aumentar un par de p.
del hilo transversal, tejer un par de p., a partir
de * rep. 12x. En las v. 7.ª y 8.ª tejer todos los p.
tal como aparecen. En la 9.ª v. aumentar 12x de la
sig. forma: tejer un par de p., aumentar un par
de p. del hilo transversal, tejer dos * pares de p.
Rep. las v. 7.ª-9.ª hasta que el gorro tenga un
diámetro de 26 cm. Para ello, en el lugar marcado
con * en la 9.ª v. tejer cada vez un par de p. más.
Ahora menguar en cada 3.ª v.; para ello, tejer
juntos el 2.º y 3.er par de p. de cada segmento
de c. hasta tener un diámetro de 15,5 cm.
Para la tira, cortar 20 cm del hilo c. almendra
tostada y seguir la labor en c. lavado a la piedra.
Cambiar a las ag. de 2,5 mm.
Tejer juntos del derecho cruzados el 2.º p. de cada
par de p., luego 1 p. del derecho, 1 p. del revés en
alternancia, hasta que la tira tenga una longitud
de 5 cm. Cerrar todos los p.

TERMINACIÓN
Rematar todos los hilos.

Con ventaja

[JUTTA BÜCKER]

TAMAÑO

Contorno de cabeza: 50-54 cm

MATERIALES

Atelier Zitron Zeitlos (240 m/100 g)
en negro (c. 130) y gris jaspeado
(c. 03), 100 g de cada una

Juego de agujas o aguja circular
de 4,5 mm y 40 cm de largo

PRUEBA DE PUNTOS

En muestra tira con ag. de 4,5 mm:
24 p. y 30 pas. = 10 x 10 cm

En muestra con estructura a tiras
con ag. de 4,5 mm 19 p. y aprox.:
40 pas. = 10 x 10 cm

MUESTRA TIRA

Tejer 2 p. del derecho y 2 p. del revés,
en alternancia.

LISO DEL DERECHO

Tejer todas las v. con p. del derecho.

LISO DEL REVÉS

Tejer todas las v. con p. del revés.

MUESTRA CON ESTRUCTURA A RAYAS

Número de p. divisible por 10.

1.ª-4.ª v.: tejer los p. del derecho.

5.ª v.: * 5 p. del revés, 1 arr., 1 p. del derecho,
1 arr., 4 p. del revés, a partir de * rep. siempre.

6.ª + 7.ª v.: *5 p. del revés, 3 p. del derecho,
4 p. del revés, a partir de * rep. siempre.

8.ª v.: 5 p. del revés, tejer juntos 3 p. del derecho,
4 p. del revés, a partir de * rep. siempre.

Rep. siempre las v. 1.ª-8.ª.

INSTRUCCIONES

Montar 108 p. en c. negro y tejer 5 cm en muestra
tira. Con c. gris jaspeado tejer en muestra con
estructura a rayas 11x las v. 1.ª-8.ª (= aprox.
21 cm), aumentar 2 p. en la 1.ª v. (= 110 p.).
Por último, tejer otros 4 cm. en c. negro con
p. liso del derecho

TERMINACIÓN

Cortar el hilo dejando un trozo bastante largo.
Con una ag., juntar todos los p. y rematar el hilo.

Traviesa

[MONIKA ECKERT]

GRADO DE DIFICULTAD

TAMAÑO

Contorno de cabeza: 56-58 cm

MATERIALES

Atelier Zitron Unisono (300 m/100 g)
en lila (c. 1162), 100 g

Juego de agujas, de 3,5 mm

2 agujas circulares, de 3,5 mm
y 60 cm de largo

Aguja para trenzar o juego de agujas
adicional

PRUEBA DE PUNTOS

En muestra con rombos
con ag. de 3,5 mm:
23 p. y 40 pas. = 10 x 10 cm

MUESTRA CON ROMBOS

Tejer conforme al esquema de puntos. Solo se han dibujado las v. impares, en las v. pares tejer los p. tal como aparecen, tejer los arr. del derecho.

Trabajar la muestra por v. en total 4x, tejer las v. 1.ª-74.ª 1x.

[Esquema de puntos con filas numeradas impares: 73, 71, 69, 67, 65, 63, 61, 59, 57, 55, 53, 51, 49, 47, 45, 43, 41, 39, 37, 35, 33, 31, 29, 27, 25, 23, 21, 19, 17, 15, 13, 11, 9, 7, 5, 3, 1]

Serie = 27 p. tras la 23.ª v.

Leyenda de símbolos:

- ■ = 1 p. del derecho.
- — = 1 p. del revés.
- ○ = 1 arr.
- ◢ = Tejer juntos 2 p. del derecho.
- ∩ = Tejer juntos 3 p. con el p. que se encuentra en el centro: deslizar 2 p. de manera simultánea como para tejer del derecho, tejer 1 p. del derecho, pasar por encima los p. deslizados.
- + = Aumentar 1 p. del derecho cruzado cogido del hilo transversal.
- ≪ = Deslizar 2 p., uno tras otro, como para tejer del derecho, volver a deslizarlo a la ag. izquierda y tejerlos juntos del derecho cruzados.
- ▲ = Tejer juntos 3 p. del derecho.
- ◮ = Tejer juntos 3 p. del derecho montados: deslizar 1 p. como para tejer del derecho, tejer juntos 2 p. del derecho, montar o pasar por encima el p. deslizado.
- ▉▉▉▉▉ = Poner 2 p. en una ag. auxiliar por delante de la labor, tejer 2 p. del derecho, luego tejer del derecho los 2 p. de la ag. auxiliar.

INSTRUCCIONES

Montar 8 p. en el j.ag. y cerrar para formar un círculo. Trabajar 1 v. con p. del derecho. En la sig. v. tejer cada p. 1x a través de la parte delantera del p., dejarlo en la ag. izquierda y volver a tejerlo cruzado a través de la parte de atrás del p. (= 16 p.).

Tejer 1 v. del derecho, luego trabajar según el esquema de puntos. La serie se repite 4x una vez tras otra. En cuanto se cuente con los p. suficientes, cambiar a las ag. circulares. Después de la última pas. de vuelta cerrar todos los p. flojos y rematar los hilos.

Juegos de agua

[HELGA SPITZ]

GRADO DE DIFICULTAD

TAMAÑO
Contorno de cabeza: 54-56 cm

MATERIALES
Lana Grossa Ragazza Lei (40 m/50 g)
en turquesa (c. 28), 100 g

Juego de agujas, de 9 mm

Ganchillo, de 8-9 mm

PRUEBA DE PUNTOS
Punto de musgo del derecho
con ag. de 9 mm:
9 p. y 18 pas. = 10 x 10 cm

MUSGO DEL DERECHO
Tejer en v. 1 v. con p. del derecho, 1 v. con p.
del revés en alternancia.

INSTRUCCIONES

Montar 54 p., distribuirlos en el j.ag. y cerrar para
formar un círculo. Tejer 18 cm en p. musgo del
derecho, terminar con 1 v. de p. del revés. Luego
comenzar con los menguados. Para ello, tejer
juntos del derecho 18x cada 2.º y 3.er p. (= 36 p.).
Tejer 3 v. sin menguados en p. musgo del derecho;
luego, en los mismos lugares volver a tejer juntos
del derecho 18x 2 p. (= 18 p.). Tejer 1 v. sin
menguar, a continuación tejer siempre juntos 2 p.
del derecho, hasta que en las ag. solo queden 8 p.

TERMINACIÓN
Cortar el hilo, juntar con este los 8 p. restantes
y rematar.
El adorno del extremo del gorro se hace a
ganchillo * con 15 p.b. que se tejen en el centro
del gorro. A partir de * rep. 12x.

Muy fashion

[TANJA STEINBACH]

GRADO DE DIFICULTAD

TAMAÑO
Contorno de cabeza: 54-56 cm

MATERIALES
GORRO BEIGE
Schachenmayr/SMC Elements Mix
(30 m/50 g) en Sahara Color (c. 80),
100 g

Schachenmayr/SMC Boston
(55 m/50 g) en sisal (c. 04), 50 g

GORRO ROJO
Schachenmayr/SMC Elements Mix
(30 m/50 g) en Esprit Color (c. 82),
100 g

Schachenmayr/SMC Boston
(55 m/50 g) en rojo vino (c. 31), 50 g

Juego de agujas, de 7-8 mm

Aguja circular, de 7-8 mm y 40 cm
de largo

Marcador de puntos

Pompón de piel con automático
a presión en c. a juego

PRUEBA DE PUNTOS
En muestra de p. realce con ambos
hilos y ag. de 7-8 mm:
12-13 p. y 24-25 v. = 10 x 10 cm

LISO DEL DERECHO
Tejer todas las v. en p. del derecho.

LISO DEL REVÉS
Tejer todas las v. con p. del revés.

MUESTRA ACANALADA
Tejer 2 p. del derecho y 2 p. del revés,
en alternancia.

Advertencia: cuando se deslizan los p., estos
se deslizan como para tejer del revés, pero
el hilo va por detrás de la labor.

INSTRUCCIONES

Montar 48 p. en c. Sahara Color/Esprit Color
repartidos en 4 ag., cerrar para formar un
círculo y tejer 4 cm en muestra acanalada.
A continuación tejer en 1 v. todos los p. del
derecho con c. sisal/rojo vino y aumentar
del hilo transversal 16 p. del derecho cruzados
repartidos equidistantes. Para ello, después de
cada 3.er p. aumentar 1 p. (= 64 p.). Cuando el j.ag.
no es suficiente para el número de p., añadir 1-2 ag.
más o cambiar a una ag. circular y señalar el
comienzo de la v. con un marcador de puntos.
Continuar la labor en muestra de p. realce de la
sig. forma:
2.ª + 3.ª v.: tejer todos los p. lisos del revés con
c. sisal/rojo vino.
4.ª-9.ª v.: en c. Sahara Color/Esprit Color * tejer
2 p. del derecho, deslizar 2 p., 4 p. del derecho,
a partir de * seguir siempre.
10.ª v.: tejer en p. liso del derecho todos los p. en
c. sisal/rojo vino.
11.ª + 12.ª v.: tejer como las v. 2.ª y 3.ª.
13.ª-18.ª v.: en c. Sahara Color/Esprit Color * tejer
del derecho 6 p., deslizar 2 p., a partir de * rep.
siempre.

19.ª-21.ª v.: tejer en c. sisal/rojo vino como
las v. 10.ª-12.ª.
22.ª-27.ª v.: en c. Sahara Color/Esprit Color tejer
como las v. 4.ª-9.ª.
28.ª-30.ª v.: tejer en c. sisal/rojo vino como
las v. 10.ª-12.ª.
31.ª v.: (aprox. a 16 cm de altura a partir del
inicio): tejer en c. Sahara Color/Esprit Color * 2x
(1 p. del derecho, tejer juntos 2 p. del derecho),
deslizar 2 p., a partir de * rep. siempre (= 48 p.).
32.ª-36.ª v.: en c. Sahara Color/Esprit Color *
4 p. del derecho, deslizar 2 p., a partir de * rep.
siempre.
37.ª-39.ª v.: tejer en c. sisal/rojo vino como las
v. 10.ª-12.ª.
40.ª v.: en c. Sahara Color/Esprit Color * 1 p. del
derecho, deslizar 1 p., tejer juntos 2x 2 p. del
derecho, a partir de * rep. siempre (= 32 p.).
41.ª-43.ª v.: en c. Sahara Color/Esprit Color * tejer
1 p. del derecho, deslizar 1 p., 2 p. del derecho,
a partir de * rep. siempre.
44.ª v.: tejer liso del derecho en c. sisal/rojo vino.
45.ª v.: en c. sisal/rojo vino tejer siempre juntos
2 p. del revés (= 16 p.).
46.ª v.: en c. sisal/rojo vino tejer siempre juntos
2 p. del derecho (= 8 p.).

TERMINACIÓN

Cortar el hilo, con una ag., enfilar 2x a través de
los 8 p. restantes y juntarlos. El pompón de piel
se une a la punta del gorro con una parte del
broche automático cosido en dicha punta y la otra
cosida en el pompón, en tanto este no se haya
cosido para fijarlo al gorro. Rematar todos los hilos.

Consejo: en lugar del pompón de piel se puede
hacer un pompón de unos 7-8 cm Ø (ver página 95)
con los restos del hilo Boston y coserlo a la
punta del gorro.

Trenzado y anudado

[NADJA BRANDT]

GRADO DE DIFICULTAD

TAMAÑO
Contorno de cabeza: 52-56 cm

MATERIALES
Regia Extra Twist Merino (210 m/ 50 g) en petróleo (c. 9357), 150 g

Juego de agujas, de 3,25 mm y de 3,5 mm

Marcador de puntos

2 juegos de agujas cortas, de 2,5 mm

PRUEBA DE PUNTOS
Liso del derecho con ag. de 3,25 mm: 21 p. y 30 pas. = 10 x 10 cm

LISO DEL DERECHO
Tejer todas las v. en p. del derecho.

MUESTRA TRENZADA
Número de p. divisible por 10.
Poner 2 p. en una ag. auxiliar por detrás de la labor, tejer 3 p. del derecho, tejer del derecho los p. de la ag. auxiliar. Luego poner 3 p. en una ag. auxiliar por delante de la labor, tejer 2 p. del derecho, tejer del derecho los p. de la ag. auxiliar.

Advertencia: todo el gorro se teje con hilo doble.

INSTRUCCIONES
Montar 120 p. sin apretar con ag. de 3,25 mm, repartirlos equidistantes entre las 4 ag. y cerrar para formar un círculo.
El borde enrollado se trabaja en 20 v. con p. lisos del derecho. Cambiar a las ag. de 3,5 mm.
** Tejer la sig. v. como se indica a continuación:
* 12 p. del derecho, poner el marcador de puntos, 10 p. en muestra trenza, tejer 16 p. del revés, poner el marcador de puntos, tejer 10 p. en muestra trenza, tejer 12 p. del derecho. A partir de * rep. 1x. Tejer 5 v. con la sig. distribución: 22 p. del derecho, 16 p. del revés, 44 p. del derecho, 16 p. del revés, 22 p. del derecho.
A partir de ** rep. aprox. 12x hasta acabar los 100 g de lana. Meter en una ag. los p. de la parte de delante y de atrás de la labor (los p. del revés forman siempre la mitad de un lado) y volver el gorro del revés. Colocar las ag. paralelas y tejer juntos del revés cada vez 1 p. de la ag. delantera y de la de atrás. Volver el gorro del derecho.

Trabajar a continuación las 2 cuerdas tejidas de 120 cm de largo cada una. Montar para ello 4 p. en un j.ag. cortas y tejer del derecho. No girar la labor, sino desplazar siempre los p. hacia atrás hacia el lado de la ag. delantera, colocar el hilo por detrás de la labor hacia la derecha y tensar fuerte. Tejer los p. del derecho y volver a desplazarlos a la punta de la ag. Rep. hasta alcanzar la longitud deseada.

TERMINACIÓN
Colocar el gorro plano, en el centro está la raya con los p. del revés. En el borde superior poner el centro de una de las cuerdas tejidas. De forma similar a como se enfilan los cordones, se pasan ambos extremos cada vez a derecha e izquierda por el centro de las pasadas con trenzas. Una aguja de zurcir de agujero amplio facilita el trabajo. No dejar el cordón demasiado tirante. Al llegar al borde enrollado, pasar los extremos hacia dentro. Antes de coser las cuerdas tejidas a ganchillo ponerlas de forma que no queden demasiado tensas. Si es necesario, acortar la cuerda y coser los extremos dentro.
Trabajar igual el segundo lado del gorro.

Consejo: con un molino de hacer punto o con un tricotín también se pueden realizar unas bonitas cuerdas tejidas.

Apasionada

[MANUELA SEITTER]

GRADO DE DIFICULTAD

TAMAÑO
Contorno de cabeza: 52-56 cm

MATERIALES
Schachenmayr/SMC Kadina Light
(40 m/50 g) en rubí (c. 32), 150 g

Juego de agujas, de 10 mm

PRUEBA DE PUNTOS
En muestra acanalada con ag.
de 10 mm:
10 p. y 12 pas. = 10 x 10 cm

MUESTRA ACANALADA
Tejer 2 p. del derecho y 2 p. del revés,
en alternancia.

INSTRUCCIONES
Montar 56 p. en el j.ag. y cerrar para formar un
círculo. Seguir en muestra acanalada. Al llegar
a los 33 cm cerrar todos los p. sin apretar.

TERMINACIÓN
En la 4.ª v. a partir del comienzo, con una ag. de
lana y un hilo unir siempre dos acanaladuras del
derecho, es decir, la 1.ª con la 2.ª acanaladura
del derecho, la 3.ª con la 4.ª acanaladura del
derecho, etc. Para ello, del hilo proveniente del
lado interior enrollar 2x alrededor de las
acanaladuras y luego rematarlas en la parte
interior. En la 12.ª v. a partir del comienzo sujetar
juntas siempre igual dos acanaladuras del
derecho, pero esta vez invertidas, es decir,
la 2.ª acanaladura del derecho con la 3.ª, la
4.ª acanaladura del derecho con la 5.ª, etc.
En la 20.ª v. a partir del comienzo unir las
acanaladuras como en la 4.ª v.
Para terminar, atar con un hilo la parte superior
a unos 8 cm a partir del borde de cierre.

Rayas de colores

[HEIKE ROLAND]

GRADO DE DIFICULTAD

TAMAÑO

Contorno de cabeza: 54-58 cm

MATERIALES

Lana Grossa Merino Big Superfina
(120 m/50 g) en turquesa (c. 910),
rojo (c. 905), blanco (c. 615), petróleo
(c. 911), verde (c. 909), naranja
(c. 922) y lila (c. 695), cada una
de 50 g

Aguja circular, de 4,5 mm y 60 cm
de largo

PRUEBA DE PUNTOS

Liso del derecho con ag. de 4,5 mm:
20 p. y 28 pas. = 10 x 10 cm

LISO DEL DERECHO

Tejer todas las v. en p. del derecho.

MUESTRA ACANALADA

Tejer 1 p. del derecho, 1 p. del revés
en alternancia.

INSTRUCCIONES

Montar 120 p. en c. petróleo y cerrar para formar
un círculo.

Tejer 20 v. en muestra acanalada. A continuación,
tejer en p. liso del derecho en los sig. colores:

* 1 v. en c. blanco, 6 v. en c. rojo, 1 v. en c. blanco,
6 v. en c. lila, 1 v. en c. blanco, 6 v. en c. verde, 1 v.
en c. blanco, 6 v. en c. naranja, 1 v. en c. blanco
y 6 v. en c. turquesa.

A partir de * rep. siempre. Iniciar los menguados
en la v. 38.ª y menguar 6 p., es decir, tejer juntos
del derecho cada 19.º y 20.º p. Luego, en cada
4.ª v. menguar cada vez 6 p. Para ello, en la v.
42.ª tejer juntos cada 18.º y 19.º p., en la v.
46.ª tejer juntos cada 17.º y 18.º p., etc., hasta
que queden solamente 8 p. en la ag.

TERMINACIÓN

Cortar el hilo, enfilar los restantes 8 p. con una ag.
y juntarlos, rematar los hilos.

Trabajar una borla de colores de unos 9 cm de la
sig. forma: enrollar el hilo 20-50 veces sobre una
tira de cartón fuerte con el largo de la borla (o
simplemente enrollarlo en la mano), pasar el hilo
tres o cuatro veces en el borde superior por todas
las lazadas y anudar fuerte.

Sobreponer los dos extremos de un hilo de unos
30 cm de largo. Este hilo doble se enrolla a una
distancia de unos 1,5-2 cm del extremo superior
alrededor de la borla. Pasar los extremos del hilo
por la lazada y volver a enrollar la borla otras tres
o cuatro veces. Los extremos del hilo se meten en
el interior de la borla. Cortar la borla y todos los
hilos a la misma medida. Fijar la borla a la punta
del gorro. Luego, de cada ovillo de lana (excepto
de la de c. petróleo) cortar un hilo de 130 cm de
largo y hacer con él una trenza. Recortar los
extremos. Atar con esta cinta el gorro en la
7.ª raya de color (lila) y fijarla con una lazada
doble. Doblar por la mitad hacia dentro la tira
del gorro y coserla en el interior.

Superdiscreto

[JUTTA BÜCKER]

GRADO DE DIFICULTAD

TAMAÑO
Contorno de cabeza: 54 cm

MATERIALES
Atelier Zitron Gobi (80 m/50 g)
en antracita (c. 01), 100 g

Aguja circular, de 5 mm y 40 cm
de largo

Juego de agujas, de 5 mm

Aguja para trenzar

PRUEBA DE PUNTOS
En muestra de p. realce y liso
del revés con ag. de 5 mm:
19 p. y 30 pas. = 10 x 10 cm

ESQUEMA DE PUNTOS
Página 92

MUESTRA TRENZA

Número de p. divisible por 8. Tejer conforme al esquema de puntos. Solo se dibujan las v. impares. En las v. pares tejer los p. tal como aparecen. Rep. siempre la serie. Al comienzo de la 11.ª v. deslizar 2 p. del derecho, tejer estos p. del derecho al final de la v. y trenzarlos con los últimos 4 p.

MUESTRA TIRA

Número de p. divisible por 5.
1.ª pas.: tejer p. del derecho.
2.ª pas.: tejer p. del revés.
3.ª pas.: * 5 p. del derecho, girar los p. de la ag. derecha unos 360º, a partir de * rep. siempre, terminar con 5 p. del derecho.

MUESTRA DE PUNTOS REALCE

1.ª v.: * deslizar 1 p. del revés con el hilo por delante del p., 1 p. del revés, a partir de * rep. siempre.
2.ª v.: tejer todos los p. del derecho.
3.ª v.: tejer 1 p. del revés, deslizar 1 p. del revés con el hilo por delante del p., a partir de * rep. siempre.
4.ª v.: tejer todos los p. del derecho.
Rep. las v. 1.ª-4.ª tal como se describe en las instrucciones.

LISO DEL REVÉS

Tejer en v. todos los p. del revés.

LISO DEL DERECHO

Tejer todas las v. del derecho.

MUESTRA ACANALADA

Tejer 1 p. del derecho y 1 p. del revés, en alternancia.

INSTRUCCIONES

Montar 105 p. con ag. circular de 5 mm, tejer 3 pas. en muestra tira. Cerrar para formar un círculo. Tejer 12 v. en muestra de p. realce y a continuación 5 v. con p. lisos del revés. En la 5.ª v. aumentar 15 p. (= 120 p.) repartidos equidistantes (= después de cada 7.º p). Tejer 22 v. en muestra trenza conforme al esquema de puntos (= 1x las v. 1.ª-12.ª y 1x las v. 1.ª-10.ª). Tejer 5 v. con p. liso del revés y en la 1.ª v. menguar equidistantes (= tejer juntos del revés cada 7.º y 8.º p.) 15 p. (=105 p.). En la 3.ª v. menguar 6 p. (= 99 p.) equidistantes (tejer juntos del revés cada 17.º y 18.º p.) y en la 5.ª v. repartidos equidistantes (= tejer juntos del revés cada 10.º y 11.º p.) menguar 9 p. (= 90 p.). A continuación, tejer 6 v. en muestra de p. realce y 6 v. en muestra acanalada; para ello, en la 1.ª v. cambiar a un j.ag. y tejer siempre juntos 2 p. conforme a la muestra (= 45 p.).

TERMINACIÓN

Cortar el hilo, pasarlo por todos los p. y rematar.

Rosas

[TANJA STEINBACH]

GRADO DE DIFICULTAD

TAMAÑO
Contorno de cabeza: 54-56 cm

MATERIALES
Schachenmayr/SMC Aventica
(120 m/50 g) en magenta jaspeado
(c. 97), 100 g

7 juegos de agujas, de 6 mm

Aguja auxiliar

18 cuentas de metal, con un agujero
de aprox. 3 mm Ø

Aguja de coser

Hilo de coser o ganchillo, de 2-3 mm
(ver Consejo)

PRUEBA DE PUNTOS
Liso del derecho con ag. de 6 mm:
16 p. y 24 pas. = 10 x 10 cm

LISO DEL DERECHO
Tejer todas las v. en p. del derecho.

TIRA DEL BORDE
Número de p. divisible por 4. Tejer todas las v.
conforme al esquema de puntos. Rep. siempre
la serie de 4 o de 8 p., tejer 1x las v. 1.ª-23.ª.

Serie =
4 u 8 p.

— = 1 p. del revés.

■ = 1 p. del derecho.

☐ = Sin significado, sirve para tener una mejor
comprensión.

⦦³ = Tejer 3 p. de 1: 1 p. del derecho, 1 arr., 1 p.
del derecho.

➕ = Aumentar 1 p. del derecho cruzado sacado
del hilo transversal.

⋒ = Tejer 3 p. juntos sobre el p. central: deslizar 2 p.
simultáneamente, como para tejer del derecho, tejer 1 p.
del derecho, pasar por encima los p. deslizados.

⊖ = 1 p. del derecho con 1 cuenta.

⬛╱⬚ = Poner 1 p. en una ag. auxiliar por detrás de
la labor, tejer 1 p. del derecho, luego tejer del revés el
p. de la ag. auxiliar.

⬚╲⬛ = Poner 1 p. en una ag. auxiliar por delante
de la labor, tejer 1 p. del revés, luego tejer del derecho
el p. de la ag. auxiliar.

⬛⬛╱⬛⬛ = Poner 2 p. en una ag. auxiliar por detrás
de la labor, tejer 1 p. del derecho, luego tejer del
derecho los 2 p. de la ag. auxiliar.

INSTRUCCIONES
Montar 72 p. repartidos en 4 ag. del juego, cerrar
para formar un círculo y trabajar la tira del borde.
En la v. 15.ª deslizar los dos primeros p. sin tejer
y solamente al final de la v. trenzar ambos p. con
el último p. de la v., tal como se ve en el esquema.
En la v. 23.ª incorporar las cuentas (ver página 94).
Seguir sobre 144 p. y en la 1.ª v. repartir los p.
entre las 6 ag. (= 24 p. por ag.).
A los 13 cm de altura a partir del borde inicial,
al final de cada ag. tejer juntos del derecho los
dos últimos p. (= 138 p.). Rep. este menguado en
cada una de las sig. v. hasta que solo queden 6 p.

TERMINACIÓN
Cortar los hilos; con una ag., enfilar 2x a través
de los restantes 6 p. y juntarlos. Rematar todos
los hilos. Humedecer el gorro para darle forma,
tensarlo sobre un círculo de cartulina de unos
26-27 cm Ø y dejarlo secar.

Consejo: el diámetro de la plantilla debería
cubrir la parte del gorro tejida en p. liso del
derecho.

Enfilar cuentas a ganchillo: introducir una
cuenta en el ganchillo y luego coger con el
ganchillo el punto sobre el que se va a poner
la cuenta. Desplazar la cuenta por el ganchillo
sobre el respectivo punto. Volver a coger el
punto en la aguja izquierda y tejerlo del
derecho como es habitual, así la cuenta queda
por debajo en el llamado cuello del punto.

Sueño invernal

[WALTRAUD RÖHNER]

GRADO DE DIFICULTAD

TAMAÑO
Contorno de cabeza: 52-54 cm

MATERIALES
Regia Twin (420 m/100 g) en Janina Color (c. 7318), 50 g

Regia Uni de 4 hilos (210 m/50 g) en gris claro jaspeado (c. 1991), 50 g

Agujas circulares, de 2,5 mm y 40 y 60 cm de largo

Juego de agujas, de 2,5 mm

PRUEBA DE PUNTOS
Liso del derecho con ag. de 2,5 mm: 29 p. y 38 pas. = 10 x 10 cm

MUESTRA DE PUNTOS
Página 93

LISO DEL DERECHO
Tejer todas las v. en p. del derecho.

MUESTRA CON ESTRELLAS
Tejer con p. lisos del derecho conforme a la muestra con números. Trabajar la serie de 16 p. en total 9x y tejer 1x las v. 1.ª-24.ª.

MUESTRA DE PUNTOS
Tejer con p. lisos del derecho conforme a la muestra con números. Rep. siempre la serie de 4 p. y las v. 1.ª-4.ª.

MUESTRA REJA
Tejer liso del derecho conforme a la muestra con números. Rep. siempre la serie de 2 p., terminar con el 1.er p. de la serie. Tejer 1x las v. 1.ª-4.ª.

INSTRUCCIONES
En c. Janina Color montar 144 p. en la ag. circular de 40 cm de largo, cerrar para formar un círculo y tejer 28 v. con p. liso del derecho. Luego, en c. gris claro jaspeado tejer 1 v. con p. del derecho, 1 v. con p. del revés, 1 v. con p. del derecho. Después trabajar la muestra con estrellas durante 24 v. Seguir con c. gris claro jaspeado, tejer 1 v. con p. del derecho y en la sig. v. después de cada 2.º p., aum. 1 p. (= 216 p.).

Cambiar a las ag. circulares de 60 cm de largo y tejer 36 v. en muestra con puntos. En c. gris claro jaspeado tejer otra v. con p. del derecho y tejer juntos cada 7.º y 8.º p. (= 189 p.). Seguir con 4 v. en muestra reja y en cada 4.ª v. tejer juntos del derecho cada 3.er y 4.º p., tejer los últimos 9 p. del derecho (= 144 p.). Tejer 3 v. en c. gris claro jaspeado, en cada 3.ª v. tejer juntos del derecho cada 11.º y 12.º p. (= 132 p.). Seguir con 20 v. lisas del derecho y menguar en cada 2.ª v. en los mismos lugares: * tejer 4 v. en c. Janina Color y 4 v. en c. gris claro jaspeado, a partir de * rep. 1x, terminar con 4 v. en c. Janina Color.
Quedan 12 p. Sobre estos p. tejidos en c. gris claro jaspeado para la borla del gorro, tejer recto hacia arriba 12 cm a p. liso del derecho. En la última v. tejer juntos 2 p. del derecho. Cortar el hilo y apretar con él fuertemente los restantes 6 p.

TERMINACIÓN
Meter hacia dentro la orilla en el borde del pliegue con p. del revés y coserlo de forma que no se vea. Hacer un nudo en la borla del gorro.

Profundos pensamientos

[NADJA BRANDT]

GRADO DE DIFICULTAD

TAMAÑO
Contorno de cabeza: 54-58 cm

MATERIALES
Austermann Murano Lace
(400 m/100 g) en rojo (c. 01), 100 g

Juego de agujas, de 3,5 mm y 20 cm
de largo

PRUEBA DE PUNTOS
Liso del derecho con ag. de 3,5 mm:
22 p. y 29 pas. = 10 x 10 cm

MUESTRA ACANALADA
Tejer 2 p. del derecho y 2 p. del revés,
en alternancia.

LISO DEL DERECHO
Tejer en v. todos los p. del derecho o, en las pas.
de ida, p. del derecho; en las pas. de vuelta,
p. del revés.

LISO DEL REVÉS
Tejer en v. todos los p. del revés o, en las pas.
de ida, tejer los p. del revés; en las pas. de vuelta,
del derecho.

MUESTRA ONDULADA
Tejer 6 v. o pas. en p. liso del derecho y tejer 6 v.
o pas. en p. liso del revés.

INSTRUCCIONES
Montar 120 p. sin apretar y distribuirlos por igual
en 4 ag. Cerrar los p. para formar un círculo.
Tejer 6 v. en muestra acanalada.
A continuación, distribuir los p. de la sig. forma:
30 p. en muestra acanalada, 30 p. en muestra
ondulada, 30 p. en muestra acanalada, 30 p. en
muestra ondulada. Tejer con esta distribución un
total de 43 v., la muestra ondulada termina con
6 v. lisas del derecho, 1 v. lisa del revés y otra v.
en la separación, cerrar los últimos 30 p.
En la sig. v. tejer 30 p. en muestra acanalada

y cerrar. A partir de ahora trabajar los sig. 30 p.
en pas. de ida y vuelta y seguir la muestra
ondulada. Cerrar también los sig. 30 p.
Al final de cada pas. de vuelta deslizar cada vez
a la ag. de trabajo el 1.er p. del sig. p. cerrado.
En la sig. pas. de ida tejer juntos el p. deslizado
con el sig. p. de la ag. izquierda. Si en la muestra
ondulada se teje una acanaladura del revés, tejer
los p. juntos del revés; en una acanaladura del
derecho, se tejen juntos los p. del derecho.
Al final de cada pas. de ida tejer juntos también,
del revés o del derecho, cada vez el último p. con
el 1.er p. del p. ahí cerrado. Después de 30 pas.
(= 15 menguados por lado) no deslizar ningún p.
cerrado, sino pinchar en este p. como para tejer
del derecho, sacar el hilo, pero dejar el p. en la ag.
De esta forma coger los p. en las pas. de ida y de
vuelta. Los p. cogidos se tejen juntos en lugar del
p. cerrado con el 1.er o el último p. de la ag.
Después de otras 30 pas., o 15 menguados por
cada lado, quedan todavía 30 p. en la ag. y 30 p.
cerrados en la muestra ondulada. Poner el gorro
del revés con cuidado. Coger la ag. auxiliar. Poner
la ag. en paralelo junto con el p. y tejer juntos
cada vez 1 p. de la ag. delantera, 1 p. de la ag.
de atrás y cerrar.

TERMINACIÓN
Rematar todos los hilos.

Rico en contrastes

[ANJA BELLE]

GRADO DE DIFICULTAD

TAMAÑO

Contorno de cabeza: 53 cm

MATERIALES

Schachenmayr/SMC Baby Wool
(85 m/25 g) en negro (c. 99) y blanco
(c. 01), 50 g de cada una

Aguja circular, de 2,5 mm y 60 cm
de largo

Agujas auxiliares

PRUEBA DE PUNTOS

Liso del derecho en técnica doble faz
con ag. de 2,5 mm:
25 p. y 35 pas. = 10 x 10 cm

MUESTRA DE GRECAS

Tejer con la técnica doble faz conforme a la
muestra con números. Trabajar la serie de
10 p. por v. 12x y rep. siempre las v. 1.ª-20.ª.

Serie = 10 p.

■ = 1 par de p. con c. destacado negro
□ = 1 par de p. con c. destacado blanco

TÉCNICA DOBLE FAZ

Trabajar el comienzo con doble hilo con ambos c.
Luego trabajar conforme a la muestra con
números. Cada cuadradito corresponde a un par
de p. Para un cuadradito negro pinchar primero
solo en el 1.er p. del par de p. y tejer este en c.
negro del derecho. Luego tejer el correspondiente
2.º p. del par de p. en c. blanco del revés. Para un
cuadradito blanco, cambiar el c.: tejer el 1.er p. en
c. blanco del derecho, el 2.º p. se teje en c. negro
del revés.

INSTRUCCIONES

Montar 120 p. con doble hilo en ambos c. y cerrar
para formar un círculo. Luego tejer con la técnica
doble faz la muestra de grecas; para ello, trabajar
3x las v. 1.ª-20.ª y 1x las v. 1.ª a 10.ª. Después
deslizar en 2 ag. los p. de cada par por separado
según el c. Cerrar la parte interior y la exterior
por separado. Los p. de un lado se distribuyen
en 4 segmentos para cada 30 p., cerrar cada
vez 1 segmento fuera de la mitad en el
correspondiente c. Para ello, distribuir los 30 p.
de un segmento en 2 ag. con 15 p. cada una, luego
colocar las 2 ag. juntas, de forma que el segmento
se encuentre por la mitad. En la parte izquierda
tejer juntos cada vez 2 p. que se encuentran
situados enfrente y a continuación cerrar los p.,
quedando 4 bordes de cierre. Dar la vuelta al
gorro y cerrar igual la parte interior. Procurar
que los bordes de cierre de ambos lados estén
situados uno sobre otro.

TERMINACIÓN

Rematar todos los hilos.

El arte de la transformación

[SYLVIE RASCH]

GRADO DE DIFICULTAD

TAMAÑO

Contorno de cabeza: 52-60 cm

MATERIALES

Schoppel Zauberball séxtuple
(400 m/150 g) en azul (c. 2099), 150 g

Aguja circular, de 3,5 mm

Aguja auxiliar

PRUEBA DE PUNTOS

Liso del derecho con ag. de 3,5 mm:
22 p. y 30 pas. = 10 x 10 cm

Consejo: el gorro abierto se puede
utilizar también como bufanda
ceñida.

MUESTRA TIRA

Tejer 1 p. del derecho y 1 p. del revés,
en alternancia.

MUESTRA CALADA

1.ª pas.: 1 p. del derecho, deslizar 1 p. con el hilo
por delante del p., 1 p. del derecho, tejer juntos
2 p. del derecho, 1 arr., 5 p. del derecho, pasar por
encima del derecho el último p. (= 11.º p.) y tejer
junto con el p.or. del costado.
2.ª pas.: deslizar el 1.er p., 8 p. del revés, 1 p. del
derecho, deslizar el último p. como para tejer
del revés.
3.ª pas.: 1 p. del derecho, deslizar 1 p. con el hilo
por delante del p., 8 p. del derecho, pasar por
encima del derecho el último p. (= 11.º p.), tejer
junto con 1 p.or. del costado.
4.ª pas.: deslizar el 1.er p., 8 p. del revés, 1 p. del
derecho, deslizar el último p. como para tejer
del revés.
Rep. siempre las v. 1.ª-4.ª.

INSTRUCCIONES

Montar 100 p., cerrar para formar un círculo y
tejer 2,5 cm en muestra tira. Añadir la ag. auxiliar
y a partir de aquí tejer en pas. En la sig. pas. tejer
3 p. en muestra tira, girar. Deslizar el 1.er p. y tejer
2 p. del revés, girar.
Ahora * tejer en la sig. pas. 1 p. del derecho,
aumentar 1 p., tejer del derecho hasta el p.
deslizado, tejer este del derecho pasado por
encima junto con el sig. p. de la tira. En la pas.
de vuelta deslizar 1 p., tejer del revés los
restantes p. A partir de * seguir hasta haber
aumentado en total 11 p.
A continuación ** en la sig. pas. tejer 10 p.
del derecho, pasar por encima del derecho
el p. deslizado del derecho junto con el sig. p.

de la tira. En la sig. pas. deslizar 1 p., tejer del
revés los restantes p.
A partir de ** rep. siempre hasta haber trabajado
todos los p. de la muestra tira.
En la sig. pas. *** 10 p. del derecho, deslizar el
sig. p., de 1 p.or. de la 1.ª tira sacar para tejer 1 p.
del derecho y pasar por encima el p. deslizado.
En la sig. pas. deslizar el 1.er p., tejer del revés el
resto de los p. A partir de *** rep. hasta que el
gorro tenga el largo deseado. Atención: el gorro
tiene todavía 1 tira transversal de mayor longitud
debido a la sig. tira de muestra calada. A partir
de ahora seguir con muestra calada hasta unos
12 cm antes del 1.er agujero. Luego menguar en
cada sig. pas. de ida; para ello, tejer juntos del
derecho el 4.º y 5.º p., y al mismo tiempo seguir
con la muestra calada. Cuando la muestra calada
se ha trabajado todo alrededor 1x, trabajar con
los restantes 4-5 p. una cuerda tejida de la sig.
forma: tejer los p. del derecho. No girar la labor
sino desplazar siempre los p. hacia atrás al lado
de la ag. derecha, poner el hilo por detrás de la
labor hacia la derecha y apretar fuerte. Tejer los
p. del derecho y volver a desplazar hacia la punta
de la ag. Rep. hasta que la cuerda pueda
enrollarse cómodamente alrededor del gorro
y sobren 2 cm.

TERMINACIÓN

Cortar el hilo. Enfilar la cuerda tejida a través
de los agujeros y apretar. Hacer un pompón
(ver página 95) y coserlo al final de la cuerda
tejida. Rematar todos los hilos. Introducir el gorro
en agua templada, darle forma y dejarlo secar.

Consejo: si los aumentos realizados después
de la tira se colocan en una aguja auxiliar,
la labor queda mejor.

Mágico

[HELGA SPITZ]

TAMAÑO
Contorno de cabeza: 56-58 cm

MATERIALES
Lana Grossa Alta Moda Alpaca
(140 m/50 g) en verde (c. 23), 50 g
Lana Grossa Babykid (200 m/50 g)
en verde amarillento (c. 31), 50 g
Juego de agujas, de 6-7 mm
Botón de color a juego

PRUEBA DE PUNTOS
Liso del derecho con ag. de 6-7 mm,
1 hilo Alpaca y 2 hilos Babykid:
13 p. y 22 pas. = 10 x 10 cm

MUESTRA ACANALADA
Tejer 5 v. lisas del revés y 5 v. lisas del derecho,
en alternancia.

LISO DEL REVÉS
Tejer en v. todos los p. del revés.

LISO DEL DERECHO
Tejer en v. todos los p. del derecho.

Advertencia: todo el gorro se teje con
1 hebra de hilo Alpaca y 2 hebras Babykid.

INSTRUCCIONES
Montar 56 p., distribuirlos de manera uniforme en
4 ag. y cerrarlos para formar un círculo. Tejer 32 v.
en muestra acanalada, en la v. 33.ª tejer juntos
cada 6.º y 7.º p. (= 48 p.). Tejer otras 8 v. en
muestra acanalada, en la v. 41.ª tejer juntos cada
5.º y 6.º p. (= 40 p.). Tejer otras 5 v. en muestra
acanalada. Después de la v. 46.ª seguir el tejido
a p. liso del derecho, menguar en cada 2.ª v. de
la sig. forma: tejer juntos del derecho cada 4.º
y 5.º p., tejer juntos cada 3.er y 4.º p., tejer juntos
cada 2.º y 3.er p. A continuación, seguir tejiendo
juntos 2 p. del derecho hasta que solo queden 8 p.

TERMINACIÓN
Cortar el hilo, pasarlo por los restantes p., tirar
y rematar. Como adorno adicional, coser en
el gorro un botón de c. a juego.

Frívolo

[MONIKA ECKERT]

GRADO DE DIFICULTAD

TAMAÑO

Contorno de cabeza: 56-58 cm

MATERIALES

Atelier Zitron Life Style (155 m/50 g)
en petróleo (c. 81), 100 g

Juego de agujas, de 3,5 mm

2 agujas circulares, de 3,5 mm
y 60 cm de largo

Aguja auxiliar

PRUEBA DE PUNTOS

En muestra triángulo con ag.
de 3,5 mm:
14 p. y 40 pas. = 6,5 x 10 cm

MUESTRA TRIÁNGULO

Tejer conforme al esquema de puntos. Solo se han dibujado las v. impares, en las v. pares tejer los p. tal como aparecen, tejer los arr. del revés. Trabajar la muestra por cada v. 8x, tejer 1x las v. 1.ª-76.ª.

INSTRUCCIONES

Montar 8 p. en el j.ag. y cerrar para formar un círculo, tejer 1 v. con p. del derecho, luego seguir con la muestra triángulo. Trabajar la serie de muestra 8x una vez tras otra. En tanto se tengan los p. suficientes, cambiar a las ag. circulares. Tras la última v. cerrar sin apretar y luego rematar el hilo.

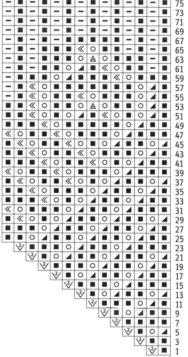

Serie = 14 p. a partir de la v. 25.ª.

■ = 1 p. del derecho.

○ = 1 arr.

◢ = Tejer juntos 2 p. del derecho.

≪ = Deslizar 2 p. como para tejer del derecho uno detrás del otro, volver a deslizarlos a la ag. izquierda y tejerlos juntos del derecho cruzado.

─ = 1 p. del revés.

◭ = Tejer juntos 3 p. del derecho pasados por encima: deslizar 1 p. como para tejer del derecho, pasar por encima el p. deslizado, tejer juntos 2 p. juntos del derecho, pasar por encima los p. deslizados.

ⱱ = Tejer 2 p. de uno: tejer 1 p. primero del derecho y dejarlo en la ag. izquierda, luego volver a tejerlo una vez del derecho cruzado.

Muy al norte

[LYDIA KLÖS]

GRADO DE DIFICULTAD

TAMAÑO

Contorno de cabeza: 56-58 cm

MATERIALES

Schachenmayr/SMC Universa
(125 m/50 g) en blanco lana (c. 102),
cereza (c. 32) y marino (c. 150), 50 g
de cada una

2 agujas circulares, de 3 mm,
o juego de 9 agujas de 3 mm

Marcador de puntos

PRUEBA DE PUNTOS

Liso del derecho con ag. de 3 mm:
25 p. y 33 pas. = 10 x 10 cm

MUESTRA CON NÚMEROS

Página 92

MUESTRA TIRA

Tejer 1 p. del derecho y 1 p. del revés,
en alternancia.

LISO DEL DERECHO

Tejer todas las v. con p. del derecho.

MUESTRA NORUEGA

Tejer todas las v. en p. liso del derecho conforme
a la muestra con números. Los hilos no utilizados
se ponen en la parte de atrás sin que queden
tirantes, entrelazarlos siempre. Tejer la serie de
14 p. por v. 8x y trabajar 1x las v. 1.ª-67.ª.

INSTRUCCIONES

Montar 112 p. en c. cereza y repartirlos
uniformemente en 2 ag. circulares o bien en 8 ag.
del j.ag. Cerrar los p. para formar un círculo y
trabajar 6 v. con muestra tira. A continuación,
trabajar la muestra noruega.

TERMINACIÓN

Cortar el hilo, pasarlo por los restantes 8 p.,
tirar y rematar todos los hilos.

Consejo: si se trabaja con 2 ag. circulares,
marcar cada una de las series con un marcador
de puntos.

Un día en París

[UTE DORNHOF]

GRADO DE DIFICULTAD

TAMAÑO

Contorno de cabeza: 54-56 cm

MATERIALES

Schachenmayr/SMC Extra Merino
(130 m/50 g) en antracita jaspeado
(c. 97), 250 g., blanco lana (c. 2),
violeta (c. 48) y lavanda (c. 47), restos

Agujas de punto, de 6 mm

Ganchillo, de 4 mm

Imperdible para broches

PRUEBA DE PUNTOS

Liso del derecho con ag. de 6 mm
e hilo doble:
14 p. y 20 pas. = 10 x 10 cm

MUESTRA TIRA

Tejer 1 p. del derecho y 1 p. del revés,
en alternancia.

PUNTO DE ARROZ

1.ª pas.: tejer 2 p. del derecho y 2 p. del revés,
en alternancia.
2.ª pas.: tejer 2 p. del revés y 2 p. del derecho,
en alternancia.

Advertencia: el gorro se teje con hilo doble.

INSTRUCCIONES

Montar 64 p. con ag. de 6 mm e hilo doble y tejer
6 cm en muestra tira en pas. Luego tejer 1 pas.
con p. del derecho y aumentar 28 p. repartidos
uniformemente. Seguir ahora con la muestra de p.
de arroz. A los 14 cm a partir del comienzo
empezar con los menguados. Para ello, menguar
4x en cada 2.ª pas. cada vez 10 p. repartidos de
forma equilibrada. Luego 2x en cada 2.ª pas.
menguar cada vez 13 p. Tejer juntos 1x 2 p. en las
2 sig. pas. En la última pas. juntar los p. restantes
con el extremo del hilo y apretar los p.

TERMINACIÓN

Rematar los hilos y cerrar del revés la costura
posterior del gorro.

Tejer a ganchillo una flor de la sig. forma: montar
5 p.a. en c. blanco lana y cerrar con 1 p.cad. para
formar un círculo. Tejer a ganchillo 2 p.a., luego
9 bas. en el círculo y cerrar con 1 p.cad. Después,
en el arco entre los bas. tejer cada vez 1 p.b.,
1 p.a., 1 bas., 1 p.a., 1 p.b. (= un total de 10 arcos),
cerrar con 1 p.cad. Girar el trabajo y tejer
alrededor del 1.er bas. un p.b. en c. violeta, luego
3 p.a. y tejer nuevamente alrededor del sig. bas.
1 p.b. De esta forma tejer a ganchillo 10 arcos.
Alrededor de los arcos tejer cada vez 1 p.b.,
1 p.a., 2 bas., 1 p.a., 1 p.b. y cerrar con 1 p.cad.
Montar para el centro 5 p.a. en c. lavanda y
cerrar con 1 p.cad. para formar un círculo. Tejer a
ganchillo en el círculo 2 p.a. y 9 bas., cerrar con
1 p.cad. Tejer a continuación un borde dentado
de la sig. forma: * 1 p.b., luego tejer 3 p.a. y tejer
hacia atrás en el 1.er p.a. 1 p.b. A partir de * rep.
otras 9x.
Montar para el pistilo de la flor en c. antracita
jaspeado 5 p.a. y cerrar con 1 p.cad. En este
círculo tejer 6 p.b. En la 2.ª pas., en cada p.b.
tejer cada vez 1 p.b. en c. blanco lana y cerrar
con 1 p.cad. El pistilo de la flor y el pequeño
círculo de c. lavanda se cosen a la flor (ver
fotografía). Rematar todos los hilos y coser
en la parte de atrás un imperdible para broches.

Consejo: si se quiere tejer esta flor en otros
colores, el gorro parecerá distinto.

Galope al viento

[FRAUKE KIEDAISCH]

GRADO DE DIFICULTAD

TAMAÑO
Contorno de cabeza: 54-58 cm

MATERIALES
SMC Select Highland Alpaca
(41m/50 g) en jade (c. 2968) y paloma
(c. 2962), 100 g de cada una

Juego de agujas, de 10 mm

Aguja circular, de 10 mm y 60 cm
de largo

Marcador de puntos

PRUEBA DE PUNTOS
En muestra ondulada
con ag. de 10 mm:
8 p. y 10 v. = 10 x 10 cm

MUESTRA TIRA
Tejer 1 p. del derecho y 1 p. del revés,
en alternancia.

MUESTRA ONDULADA
Número de p. divisible por 10.
1.ª v.: tejer en c. jade todos los p. del revés.
2.ª v.: tejer en c. jade * 5 p. del derecho, 2x
(1 p. del derecho, 1 arr.), 1 p. del derecho, 2 arr.,
tejer 2x (1 p. del derecho, 1 arr.). A partir de *
rep. siempre.
3.ª v.: tejer en c. paloma todos los p. del revés,
dejar caer el arr. de la v. anterior.
4.ª v.: tejer en c. paloma * 2x (1 p. del derecho,
1 arr.), tejer 1 p. del derecho, 2 arr., 2x (1 p. del
derecho, 1 arr.), 5 p. del derecho, a partir de *
rep. siempre.
5.ª v.: tejer en c. jade todos los p. del revés,
dejar caer el arr. de la v. anterior.
Rep. siempre las v. 2.ª-5.ª.

LISO DEL DERECHO
Tejer en v. todos los p. del derecho.

INSTRUCCIONES

Montar 36 p. con el j.ag. en c. paloma (= 9 p.
por ag.), cerrar para formar un círculo y tejer 3 v.
en muestra tira. Luego cambiar a la ag. circular.
La sig. v. se teje con p. del derecho y al mismo
tiempo aumentar en cada 9.º p. cada vez 1 p. del
derecho cruzado (= 40 p.). Marcar el comienzo
de las v. y tejer en total 17 v. en muestra ondulada
(17 v. = 5 v. de la muestra ondulada). Terminar
el gorro con las sig. 5 v. en p. liso del derecho
en c. jade de la sig. forma:
1.ª v.: tejer juntos cada 3.er y 4.º p. del derecho
(= 30 p.).
2.ª v.: tejer 30 p. del derecho.
3.ª v.: cambiar al j.ag. y tejer juntos del derecho
cada 2.º y 3.er p. (= 20 p. o 5 p. por ag.).
4.ª v.: tejer 20 p. del derecho.
5.ª v.: tejer juntos siempre 2 p. del derecho
(= 10 p.).

TERMINACIÓN

Juntar los restantes 10 p. con el extremo final
del hilo. Hacer un pompón de unos 8 a 10 cm de Ø
en c. jade y c. paloma (ver página 95) y coserlo
al gorro.

Consejo: en caso de que al ponerse el gorro
la tira quede demasiado amplia, basta con
pasar un hilo elástico transparente por
la primera vuelta.

Aurora

[DAGMAR BERGK]

GRADO DE DIFICULTAD

TAMAÑO
Contorno de cabeza: 52-54 cm

MATERIALES
Rowan Colourspun (135 m/50 g)
en Giggleswick (c. 272), 50 g

Aguja circular, de 4 mm

Aguja para trenzar

Ganchillo, de 3,5 mm

PRUEBA DE PUNTOS
Liso del derecho con ag. de 4 mm:
18 p. y 23 pas. = 10 x 10 cm

MUESTRA ENTRELAZADA
Tejer en pas. de ida y vuelta conforme al esquema
de puntos. La 1.ª pas. es una pas. de vuelta.
Los p. están dibujados tal como aparecen en
la parte delantera. Rep. siempre las pas. 1.ª-8.ª.

LISO DEL DERECHO
Tejer en v. todos los p. del derecho.

INSTRUCCIONES

El gorro se trabaja como una tira tejida en
transversal con muestra entrelazada. Dejar el hilo
inicial tan largo como para poder coser juntos
posteriormente el comienzo y el final de la tira.
El trabajo se inicia en comienzo abierto
(ver página 94). Para ello, primero tejer a
ganchillo una cadeneta de 30 p.a. Luego, con
las ag. circulares, sacar 27 p. de la parte de atrás
de la cadeneta p.a. para tejerlos del derecho.
Trabajar en muestra entrelazada. Tejer un total
de 14x las pas. 1.ª-8.ª, luego 1x las pas. 1.ª-7.ª.
No cerrar los p., dejar el hilo colgando. Estirar la
cadeneta p.a. y recoger los p. Después, con ayuda
del hilo inicial en p. de malla unir el comienzo
abierto con el p. en la ag. (ver página 95).

A continuación coger 88 p. del borde derecho.
Para ello, coger de las 3 pas. sig. entre el 1.er y
el 2.º p. de la tira entrelazada cada vez 1 p., saltar
la 4.ª pas. Cerrar los p. para formar un círculo.
Con los 88 p. tejer liso del derecho 16 v., luego
comenzar con los menguados. Para ello, tejer
juntos del derecho en la 1.ª v. cada 10.º y 11.º p.
En la 2.ª v. tejer todos los p. del derecho. En la
3.ª v. tejer juntos del derecho cada 9.º y 10.º p.
En la 4.ª v. tejer todos los p. del derecho.
En la 5.ª v. tejer juntos del derecho cada 8.º y 9.º p.
En la 6.ª v. tejer todos los p. del derecho. En la 7.ª v.
tejer juntos del derecho cada 7.º y 8.º p. En la 8.ª v.
tejer juntos del derecho cada 6.º y 7.º p. En la 9.ª v.
tejer juntos del derecho cada 5.º y 6.º p. En la 10.ª v.
tejer juntos del derecho cada 4.º y 5.º p. En la 11.ª v.
tejer juntos del derecho cada 3.er y 4.º p.
En la 12.ª v. tejer juntos del derecho cada 2.º
y 3.er p. En la 13.ª v. tejer juntos cada vez 2 p.
del derecho (= 8 p.).

TERMINACIÓN

Cortar el hilo, juntar los restantes 8 p. con
el mismo y rematar.

Muestra entrelazada = 27 p.

■ = 1 p. del derecho.

● = 1 p. orillo.

= Poner 3 p. en una ag. auxiliar por detrás de la labor,
tejer 3 p. del derecho, luego tejer del derecho los 3 p. de la ag. auxiliar.

= Poner 3 p. en una ag. auxiliar por delante de la labor,
tejer 3 p. del derecho, luego tejer del derecho los 3 p. de la ag. auxiliar.

Un toque de frescor

[RENATE HOLZMANN]

GRADO DE DIFICULTAD

TAMAÑO

Contorno de cabeza: 53-55 cm

MATERIALES

Lana Grossa Cool Wool "2000"
(160 m/50 g) en turquesa (c. 502)
y verde claro (c. 509), 50 g de cada una

Juego de agujas, de 3,5 mm

PRUEBA DE PUNTOS

Liso del derecho con ag. de 3,5 mm:
26 p. y 33 pas. = 10 x 10 cm

MUESTRA ACANALADA

Tejer 1 p. del derecho y 1 p. del revés,
en alternancia.

LISO DEL DERECHO

Tejer en v. todos los p. del derecho.

INSTRUCCIONES

Montar 120 p. en c. turquesa y tejer 13 v.
en muestra acanalada. Luego seguir con p. lisos
del derecho.

14.ª y 15.ª v.: tejer todos los p. en c. turquesa.

16.ª-19.ª v.: tejer 4 p. en c. verde, 4 p. en c.
turquesa en alternancia.

20.ª-23.ª v.: 3 p. en c. verde, luego alternar 4 p.
en c. turquesa y 4 p. en c. verde, el último p.
en c. verde.

24.ª-27.ª v.: 2 p. en c. verde, luego alternar 4 p. en
c. turquesa y 4 p. en c. verde, tejer los dos últimos
p. en c. verde.

28.ª-31.ª v.: 1 p. en c. verde, luego alternar y tejer
4 p. en c. turquesa y 4 p. en c. verde, los últimos
tres p. en c. verde.

32.ª -35.ª v.: tejer 4 p. en c. turquesa, 4 p. en c.
verde en alternancia.

36.ª-39.ª v.: 3 p. en c. turquesa, luego alternar
4 p. en c. verde y 4 p. en c. turquesa, tejer el
último p. en c. turquesa.

40.ª-43.ª v.: tejer 2 p. en c. turquesa, luego alternar
4 p. en c. verde y 4 p. en c. turquesa, los dos
últimos p. en c. turquesa.

44.ª-47.ª v.: 1 p. en c. turquesa, luego alternar
4 p. en c. verde y 4 p. en c. turquesa, tejer los tres
últimos p. en c. turquesa.

48.ª-51.ª v.: alternar 4 p. en c. verde, 4 p. en c.
turquesa.

52.ª v.: 1 p. en c. turquesa, *4 p. en c. verde, 4 p.
en c. turquesa, a partir de * rep. siempre, terminar
con 3 p. en c. turquesa.

53.ª v.: tejer 1 p. en c. turquesa, * tejer juntos en
c. turquesa 2 p. del derecho, 2 p. del derecho en c.
verde, tejer juntos 2 p. del derecho, a partir de *
rep. siempre, terminar con 1 p. en c. turquesa.

54.ª-56.ª v.: 1 p. en c. turquesa, * 3 p. en c. verde,
3 p. en c. turquesa, a partir de * rep. siempre,
terminar con 3 p. en c. verde y 2 p. en c. turquesa.

57.ª v.: 2 p. en c. turquesa, * tejer juntos 2 p.
del derecho en c. verde, 1 p. del derecho, 3 p.
en c. turquesa, a partir de * rep. siempre, terminar
con 1 p. en c. turquesa.

58.ª v.: tejer juntos en c. turquesa 2 p. del derecho,
* 2 p. en c. verde, tejer en c. turquesa 1 p. del
derecho, tejer juntos 2 p. del derecho, a partir de *
rep. siempre, terminar con 1 p. en c. turquesa.

59.ª-60.ª v.: 1 p. en c. turquesa, * 2 p. en c. verde,
2 p. en c. turquesa, a partir de * rep. siempre,
terminar con 1 p. en c. turquesa.

61.ª v.: alternar 2 p. en c. turquesa, 2 p. en c. verde.

62.ª v.: tejer juntos en alternancia 2 p. del derecho
en c. verde y 2 p. en c. turquesa.

63.ª v.: seguir con 2 p. del derecho y tejer juntos
hasta el final de la v.

TERMINACIÓN

Cortar el hilo, pasarlo por los p. y rematar.

A veces así

[SARAH BASAS]

GRADO DE DIFICULTAD

TAMAÑO

Contorno de cabeza: 55-60 cm

MATERIALES

Lana Grossa Cool Wool Big (120 m/
50 g) en gris claro jaspeado (c. 928),
100 g., blanco (c. 615) y negro (c. 627),
restos

Juego de agujas, de 4,5 mm

Aguja para trenzar

PRUEBA DE PUNTOS

Liso del derecho con ag. de 4,5 mm:
25 p. y 32 pas. = 10 x 10 cm

**ESQUEMA DE PUNTOS
Y MUESTRA CON NÚMEROS**

Página 93

MUESTRA TRENZA PEQUEÑA

Tejer todas las v. conforme al esquema de puntos.
Rep. siempre las v. 1.ª-3.ª.

MUESTRA TRENZA GRANDE

En todas las v. tejer conforme al esquema
de puntos.
Rep. siempre las v. 1.ª-16.ª.

MEDIO CABLE

1.ª v.: tejer 1 p. del derecho, deslizar 1 p.
con 1 arr. del revés en alternancia.
2.ª v.: 1 p. del derecho, tejer junto el p. del revés
con el arr. del revés en alternancia.
Rep. siempre las v. 1.ª y 2.ª.

LISO DEL DERECHO O DEL REVÉS

Tejer en v. todos los p. del derecho o del revés.

MUESTRA CON ROMBOS

Tejer liso del derecho conforme a la muestra
con números.
Rep. siempre las v. 1.ª-25.ª.

INSTRUCCIONES

Montar 96 p. en c. gris claro jaspeado,
distribuirlos en 4 ag. del juego (= 24 p. por ag.)
y cerrar para formar un círculo. Tejer 60 v. con
muestra medio cable. En la sig. v. distribuir los
p. así: 25 p. con muestra con rombos, 11 p. con
muestra trenza pequeña, 3 p. lisos del revés,
1 p. liso del derecho, 4 p. lisos del revés, 33 p.
con muestra trenza grande, 4 p. lisos del revés,
1 p. liso del derecho, 3 p. lisos del revés, 11 p.
en muestra trenza pequeña. Después de 92 v.
comenzar con los menguados. Para ello, en cada
ag. tejer juntos del derecho el 1.er y 2.º p. del
derecho pasados por encima, tejer juntos
del derecho el penúltimo y último p. (= 8 p.
menguados por v.). Rep. estos menguados en
cada v., hasta que solo queden 16 p. en la ag.,
entre los menguados seguir con la muestra
como hasta ahora.

TERMINACIÓN

Cortar el hilo, pasarlo por los restantes p.
y rematar.

Charlestón

[UTE DORNHOF]

GRADO DE DIFICULTAD

TAMAÑO
Contorno de cabeza: 57 cm

MATERIALES
Schachenmayr/SMC Aventica
(120 m/50 g) en Passion Color (c. 81),
100 g

Juego de agujas, de 6 mm

Agujas de hacer punto, de 6 mm

Ganchillo, de 5 mm

Aguja auxiliar

PRUEBA DE PUNTOS
Liso del derecho con ag. de 6 mm:
15 p. y 28 pas. = 10 x 10 cm

LISO DEL DERECHO
Tejer todas las v. en p. del derecho.

MUESTRA TRENZA
1.ª pas.: p.or., * 2 p. del revés, 4 p. del derecho,
a partir de * rep. siempre, terminar con 1 p.
del revés, 1 p.or.
2.ª pas.: tejer todos los p. tal como aparecen.
3.ª pas.: tejer como la 1.ª pas.
4.ª pas.: tejer como la 2.ª pas.
5.ª pas.: tejer como la 1.ª pas.
6.ª pas.: 1 p. or., * 2 p. del revés, poner 2 p.
en una ag. auxiliar, ponerla delante de la labor:
a continuación tejer los 2 p. sig. del derecho,
luego tejer del derecho los 2 p. de la ag. auxiliar,
a partir de * rep. siempre, terminar con 1 p.
del revés, 1 p.or. Rep. siempre las pas. 1.ª-6.ª.

INSTRUCCIONES
Montar 33 p. con ag. de 6 mm para el borde de
la gorra y tejer con muestra trenza. Tejer las v.
1.ª-6.ª 19x, luego trabajar otras 4 pas. en muestra
trenza. Cerrar todos los p. sin apretar. Coser la tira
al revés para formar un círculo y rematar todos
los hilos.
Para la parte superior del gorro montar 100 p.
repartidos en 4 ag., cerrar para formar un círculo
y tejer liso del derecho. A las 3 v. comenzar con
los menguados. Para ello, al comienzo y al final
de cada ag. tejer juntos 2 p. del derecho, 4x en
cada 3.ª v., luego 6x en cada 2.ª v.; por último,
2x en cada v.

TERMINACIÓN
Cortar el hilo, juntar los restantes p. con una ag. y
rematar los hilos. Volver del revés y coser la parte
superior del gorro a la parte inferior. Coser por el
borde en el que al final se tejieron 1 p. del revés
y 1 p.or.

FLOR DE GANCHILLO
Montar 5 p.a. con el ganchillo y cerrar con 1 p.cad.
para formar un círculo, 3 p.a., luego alternar
1 bas., 2 p.a. en el círculo. Trabajar un total de
9 bas. y cerrar con 1 p.a. Después tejer alrededor
de los arcos formados de la sig. forma: 1 p.b.,
1 p.a., 1 bas., 1 p.a., 1 p.b., cerrar con 1 p.cad.
Girar el trabajo. Tejer alrededor del 1.er bas. *,
tejer 1 p.b., luego 3 p.a. Tejer igual alrededor los
restantes bas., hasta que se vuelva a disponer de
10 arcos. Tejer alrededor de estos de la sig. forma:
1 p.b., 1 p.a., 2 bas., 1 p.a. 1 p.b. y volver a cerrar
con 1 p.cad.
Ahora dar la vuelta a la flor y tejer el centro.
Sacar el hilo por el centro. Rodear con 1 p.b.
el 1.er bas. y tejer 1 p.a., luego tejer alrededor
del sig. bas. Seguir hasta haber tejido todos los
arcos. En estos arcos tejer cada vez 1 p.b., 3 p.a.,
1 p.b. Rematar los hilos y coser la flor en el lado
izquierdo del gorro.

Atrayentemente descuidado

[URSULA Y MELANIE MARXER]

GRADO DE DIFICULTAD

TAMAÑO

Contorno de cabeza: 52-55 cm

MATERIALES

Lana Grossa Ragazza Lei (40 m/50 g)
en amarillo (c. 020), 150 g

Juego de agujas, de 10 mm

Aguja para trenzar

PRUEBA DE PUNTOS

En medio cable con ag. de 1 mm:
10 p. y 16 pas. = 10 x 10 cm

MUESTRA TIRA

Tejer 1 p. del derecho y 1 p. del revés,
en alternancia.

MUESTRA MEDIO CABLE

1.ª v.: tejer 1 p. del derecho, 1 p. del revés en
alternancia.
2.ª v.: *1 p. del derecho, esta v. se teje pinchando
en el p. derecho de la v. anterior y deshacer este,
1 p. del revés, a partir de * rep. siempre.
Rep. siempre las v. 1.ª y 2.ª.

LISO DEL REVÉS

Tejer en v. todos los p. del revés.

MUESTRA TRENZA

Tejer conforme al esquema de puntos. Solo se han
dibujado las v. impares, en las v. pares tejer los p.
tal como aparecen. Comenzar con el p. anterior a
la serie, tejer 4x la serie de 6 p. y terminar con el
p. posterior a la serie. Rep. siempre las v. 1.ª-8.ª.

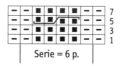

Serie = 6 p.

⊟ = 1 p. del revés.

■ = 1 p. del derecho.

■■⟋■■ = Poner 2 p. en una ag. auxiliar por
detrás de la labor, tejer 2 p. del derecho, luego tejer
del derecho los 2 p. de la ag. auxiliar.

INSTRUCCIONES

Montar 56 p., cerrar para formar un círculo y tejer
luego 5 v. en muestra tira.
Después distribuir el trabajo de la sig. forma:
31 p. en muestra medio cable, para ello aumentar
1 p., 26 p. en muestra trenza.
Tras 30 v. a partir de la tira comenzar con los
menguados. Para ello, en la 1.ª v. de muestra
medio cable tejer juntos del derecho el p. central
de los 31 p. cada vez con 1 p. anterior y posterior,
tejer la muestra trenza sin variaciones. Tejer
2 v. intermedias sin menguados. En la v. 34.ª tejer
en muestra medio cable * 5 p. medio cable, tejer
juntos 3 p. del derecho, tejer 6 p. medio cable,
a partir de * rep. 1x., 1 p. medio cable, en muestra
trenza tejer juntos en los espacios intermedios
cada vez los 2 p. del revés como 1 p. del revés.
Tejer una v. intermedia sin menguados. En la v. 36.ª
volver a tejer juntos del derecho el p. central de
los 25 p. en muestra medio cable con el p. anterior
y posterior, en muestra trenza tejer juntos del
derecho el p. del revés cada vez con el p. sig.
En las 2 v. sig. tejer juntos 2 p. del derecho hasta
que queden 8 p. en la ag.

TERMINACIÓN

Cortar el hilo, pasarlo por los restantes p.,
juntarlos y rematar en el interior del gorro.

Misterioso

[DAGMAR BERGK]

GRADO DE DIFICULTAD

TAMAÑO
Contorno de cabeza: 52-54 cm

MATERIALES
Rowan Cocoon (115 m/100 g)
en Seascape (c. 813) o Quarry Tile
(c. 818), 100 g

Aguja circular, de 6 mm

Aguja para trenza

PRUEBA DE PUNTOS
En p. de arroz grande con ag.
de 6 mm:
14 p. y 20 pas. = 10 x 10 cm

ESQUEMA DE PUNTOS
Página 92

MUESTRA TRENZA
Tejer conforme al esquema de puntos. Solo se
dibujan las pas. de ida, en las pas. de vuelta tejer
los p. tal como aparecen; tejer del derecho los
2 p.or. en el borde lateral izquierdo en pas. de ida
y vuelta. Las pas. 1.ª-56.ª se tejen 2x, luego
trabajar 1x la 1.ª pas.

MUESTRA PUNTO DE ARROZ GRANDE
1.ª + 2.ª v.: tejer 1 p. del derecho y 1 p. del revés,
en alternancia.
3.ª y 4.ª v.: tejer 1 p. del revés y 1 p. del derecho,
en alternancia.

INSTRUCCIONES

La franja de muestra trenza se comienza abierta
(ver página 94), para lo que se teje a ganchillo
una cadeneta de 20 p.a. Luego, con la ag. circular,
sacar de la parte de atrás de la cadeneta p.a. 14 p.
del derecho. Dejar el hilo inicial con la longitud
necesaria como para poder unir los p. del
comienzo con el final del trabajo tejido.

Seguir con muestra trenza. No cortar el hilo sino
dejarlo colgando. Los p. no se cierran, se unen
con p. de malla (ver página 95) con los p. del
comienzo abierto. Para ello, deshacer la cadeneta
p.a. y coger los p. con una ag. de hacer punto.
A continuación, comenzar en el borde derecho
y coger los p. para la parte superior del gorro.
Sacar 1 p. de cada una de 3 pas. consecutivas,
la 4.ª pas. no se tiene en cuenta (= 84 p. cogidos).
A continuación, se sigue la labor con 20 v. en
muestra de p. de arroz grande. Luego comenzar
con los menguados. En la 1.ª v. con menguados
tejer juntos del derecho cada 13.º y 14.º p.
El p. anterior y posterior al menguado se teje
en muestra de p. de arroz. Rep. los menguados en
los mismos sitios de cada v. hasta que solo
queden 6 p. en la ag.

TERMINACIÓN
Cortar el hilo, pasarlo por los p. restantes
y rematar.

A cuadros

[EWA JOSTES]

GRADO DE DIFICULTAD

TAMAÑO
Contorno de cabeza: 60 cm

MATERIALES
Schoppel Pur (150 m/100 g)
en Halloween (c. 2145), 100 g

Juego de agujas, de 5 mm

Marcador de puntos

PRUEBA DE PUNTOS
1 patch con ag. de 5 mm:
25 p. = 8 cm

LISO DEL DERECHO
Tejer 1 p. del derecho y 1 p. del revés,
en alternancia.

PATCH
Los patch se tejen en pas. de ida y vuelta.
Tejer siempre del derecho el 1.er y el último p.
de las pas. de ida y vuelta.

1.ª pas.: 11 p. del derecho, tejer juntos 3 p.
del derecho, 11 p. del derecho.

2.ª pas.: tejer todos los p. del derecho.

3.ª pas.: 10 p. del derecho, tejer juntos 3 p.
del derecho, 10 p. del derecho.

4.ª pas.: tejer todos los p. del derecho.

Continuar la labor según este esquema y en cada
pas. de ida tejer juntos 3 p. del derecho, hasta que
solo quede 1 p. en la ag.

INSTRUCCIONES
Comenzar el gorro con una tira compuesta
por 6 patch, luego seguir la labor en v. No hay que
cortar el hilo de trabajo. Al comenzar, dejar el hilo
del pulgar con la longitud suficiente para poder
sacar luego 72 p.

Montar 25 p. y tejer el 1.er patch. Coger ahora el
patch terminado con la mano izquierda, de forma
que la costura diagonal vaya de abajo a la
derecha hacia arriba a la izquierda y el último p.
se encuentre en la ag. de la mano derecha.
El borde inicial forma el borde inferior y el borde
derecho del patch. Ahora, del borde izquierdo
del patch sacar para tejer otros 11 p. del derecho

(= 12 p.). Del hilo del dedo pulgar y del hilo
de trabajo montar otros 13 p. (= 25 p. para el
2.º patch). De igual forma añadir otros 4 patch
(= un total de 6 patch). Después, del borde
superior de cada patch sacar 11 p. del derecho.
(= total de 66 p.). Repartir estos p. entre 3 juegos
de ag. (= 22 p. por ag.). En la sig. v. después de
cada 11.º p. poner un marcador de puntos. Luego *
tejer 6 v. con p. musgo del derecho y en la 5.ª v.
poner, después de cada 11.º p., un marcador de
puntos. A continuación, * tejer 6 v. en p. musgo
del derecho, en la 5.ª v. tejer siempre juntos del
derecho los dos últimos p. anteriores al marcador
y antes de terminar la ag. (= 6 p. disminuidos por
cada v.). A partir de * rep. otras 2x. Luego rep. los
menguados, tal como se ha descrito en cada v.,
con p. del derecho, hasta que queden 6 p. Sobre
esta cuerda tejida trabajar de la sig. forma: tejer
los 6 p. del derecho. No girar la labor, sino volver
siempre con los p. al lado de la ag. derecha, poner
el hilo por detrás de la labor hacia la derecha y
estirar fuerte. Tejer los p. del derecho y volver a
desplazar hacia la punta de la ag. Trabajar de esta
forma 20 pas.

TERMINACIÓN
Cerrar las costuras con las tiras de patch. Para la
franja del borde inferior sacar de cada patch 13 p.
del derecho (= un total de 78 p.). Tejer 8 v. en p.
musgo del derecho, luego cerrar todos los p. sin
apretar. Cortar el hilo y rematar. Hacer un nudo en
la cuerda tejida.

Colores vivos

[URSULA Y MELANIE MARXER]

GRADO DE DIFICULTAD

TAMAÑO
Contorno de cabeza: 52-55 cm

MATERIALES
Lana Grossa Ragazza Lei (40 m/50 g)
en naranja (c. 23), 250 g

Agujas de tejer, de 12 mm

Juego de agujas, de 10 mm

Aguja para trenzar

PRUEBA DE PUNTOS
En muestra acanalada con ag.
de 10 mm
11 p. y 13 pas. = 10 x 10 cm

MUESTRA TRENZA

Tejer conforme al esquema de puntos. Solo se
han dibujado las pas. de ida, en las pas. de vuelta
tejer los p. tal como aparecen. Rep. siempre
las pas. 1.ª-12.ª.

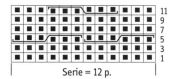

Serie = 12 p.

■ = 1 p. del derecho.

= Poner 3 p. en una ag.
auxiliar por detrás de la labor, tejer 3 p. del
derecho, luego tejer del derecho los 3 p.
de la ag. auxiliar.

= Poner 3 p. en una ag.
auxiliar por delante de la labor, tejer 3 p.
del derecho, luego tejer del derecho los 3 p.
de la ag, auxiliar.

MUESTRA ACANALADA

Tejer 2 p. del revés y 1 p. del derecho,
en alternancia.

MUSGO DEL DERECHO

Tejer pas. de ida y vuelta con p. del derecho.

Advertencia: la trenza diagonal se teje
con hilo doble.

INSTRUCCIONES

Montar 18 p. con ag. de 12 mm e hilo doble y
repartir de la sig. forma: 1 p.or., 3 p. musgo del
derecho, 12 p. en muestra trenza, 1 p. del revés,
1 p.or. Cerrar después de 60 pas. y coser la tira
de trenza en p. malla para formar un círculo
(ver página 95).
Seguir con ag. de 10 mm y coger del borde con p.
del revés 54 p., tejer 8 v. en muestra acanalada.
En la sig. v. tejer juntos los 2 p. del revés en 1 p.,
después de otras 4 v. tejer juntos todos los p.
del revés con los del derecho.
En las v. 15.ª y 16.ª tejer juntos 2 p. del derecho.

TERMINACIÓN

Cortar el hilo y pasarlo por los restantes p.,
apretar y rematar los hilos. Hacer un pompón
(ver página 95) y coserlo al gorro.

Juguetón

[STEFANIE THOMAS]

GRADO DE DIFICULTAD

TAMAÑO

Contorno de cabeza: 54-56 cm

MATERIALES

Lana Grossa Cool Wool Big (120 m/ 50 g) en turquesa (c. 910), ciclamen (c. 690), blanco (c. 615), antracita (c. 618), verde (c. 909) y naranja (c. 922), cada una 50 g

Juego de agujas, de 4,5 mm, o aguja circular, de 4,5 mm y 60 cm de largo

PRUEBA DE PUNTOS

En muestra jacquard con ag. de 4,5 mm:
24 p. y 26 pas. = 10 x 10 cm

MUESTRA JACQUARD

Tejer liso del derecho conforme a la muestra con números. Rep. siempre la serie de 8 p., tejer 1x las v. 1.ª-25.ª.

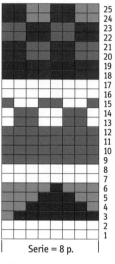

Serie = 8 p.

- ■ = 1 p. del derecho en c. naranja
- ■ = 1 p. del derecho en c. ciclamen
- ■ = 1 p. del derecho en c. verde
- ■ = 1 p. del derecho en c. turquesa
- ■ = 1 p. del derecho en c. antracita
- □ = 1 p. del derecho en c. blanco

LISO DEL DERECHO

Tejer en v. todos los p. del derecho.

MUESTRA ACANALADA

Tejer 1 p. del derecho y 1 p. del revés, en alternancia.

INSTRUCCIONES

Montar 112 p. en c. antracita y cerrar para formar un círculo.

En muestra acanalada tejer: 5 v. en c. antracita, 2 v. en c. naranja, 2 v. en c. antracita, 2 v. en c. turquesa y 5 v. en c. antracita. A continuación, en muestra jacquard seguir la labor con p. liso del derecho. Para ello, tejer la serie en v. un total de 14x. Después de la última v. en muestra jacquard tejer 2 v. del derecho en c. blanco. Seguir con p. lisos del derecho. En la sig. v. en c. turquesa tejer juntos del derecho cada 7.º p. junto al p. anterior (= 96 p.). Luego tejer 1 v. en c. blanco. En la sig. v. en c. naranja tejer juntos del derecho cada 6.º p. junto con el p. anterior (= 80 p.). Después, tejer cada vez 1 v. en c. blanco. En la sig. v. tejer juntos del derecho en c. verde cada 5.º p. con el p. anterior (= 64 p.). Luego, cada vez 1 v. en c. blanco y en c. ciclamen y cada vez 2 v. en c. blanco y en c. turquesa. En la 1.ª v. en c. turquesa tejer juntos del derecho cada 8.º p. con el p. anterior (= 56 p.). A continuación tejer 2 v. en c. naranja y en la 1.ª v. tejer juntos del derecho cada 7.º p. con el p. anterior (48 p.). Luego tejer 2 v. en c. verde y en la 1.ª v. tejer del derecho cada 6.º p. junto al p. anterior (=40 p.). Para terminar, tejer otras 2 v. en c. ciclamen y 4 v. en c. blanco.

TERMINACIÓN

Cortar el hilo. Enfilar los restantes p. con una ag. y juntarlos. Rematar los hilos. Trabajar un pompón blanco de unos 6 cm Ø (ver página 95) y coserlo al gorro.

Flores de hielo

[FRIEDERIKE PFUND]

TAMAÑO

Contorno de cabeza: 54 cm

MATERIALES

Regia Design Line Hand-dye Effect
(420 m/100 g) en Rock Garden
(c. 8850), 200 g

Regia Design Line (210 m/50 g)
en Delphinium (c. 2904), 200 g

Agujas circulares, de 4 mm
y 4,5 mm y 60 cm de largo

PRUEBA DE PUNTOS

Liso del derecho con doble hilo
y ag. de 4,5 mm:
20 p. y 27 pas. = 10 x 10 cm

LISO DEL DERECHO

Tejer en pas. de ida p. del derecho, en pas.
de vuelta p. del revés.

Advertencia: todo el gorro se teje con hilo
doble de ambas calidades.

INSTRUCCIONES

Con ag. de 4,5 mm montar 42 p., dejar colgando
muy largos ambos hilos y tejer en pas. con p. lisos
del derecho unos 40 cm. Luego, en cada 8.ª pas.
aumentar 1 p. a ambos costados 28x (= 98 p.).
Con un largo total de 125 cm pasar un hilo
auxiliar como marca por todos los p. de la ag. y
disponer así de un punto de sujeción para coser
posteriormente el gorro. Seguir tejiendo otros
20 cm con p. liso del derecho, cambiar luego
a la ag. de 4 mm y volver a tejer otros 20 cm.
Cerrar los p. de la ag. Coser el gorro a lo largo
con uno de los hilos iniciales. A continuación, con
el otro hilo fruncir ligeramente la pas. inicial.
Introducir el gorro 20 cm hacia dentro y coser
cada p. de la ag. al correspondiente p. de la pas.
marcada (= pas. con el hilo auxiliar). No apretar
demasiado para que el gorro no pierda su
elasticidad.

TERMINACIÓN

Hacer un pompón de unos 8 o 9 cm Ø (ver página 95)
y coserlo al extremo inferior del gorro.

Al coser el gorro procurar que la costura quede
hacia atrás. Dar la vuelta al borde. Con la parte
restante, desde atrás, hacia la derecha y
envolver una vez completamente el cuello.

Divertido

[MANUELA SEITTER]

GRADO DE DIFICULTAD

TAMAÑO

Contorno de cabeza: 52-56 cm

MATERIALES

Schachenmayr/SMC Bravo Big
(120 m/200 g) en natural (c. 102),
amarillo neón (c. 8232), naranja
neón (c. 8279) y fresa neón (c. 8234),
200 g de cada una

Juego de agujas, de 12 mm

PRUEBA DE PUNTOS

Liso del derecho con ag. de 12 mm:
10 p. y 12 pas. = 10 x 10 cm

MUESTRA ACANALADA

Tejer 1 p. del derecho y 1 p. del revés,
en alternancia.

LISO DEL DERECHO

Tejer en v. todos los p. del derecho.

INSTRUCCIONES

Montar 32 p. en c. natural, distribuir por igual
en el j.ag. y cerrar para formar un círculo.
Tejer 6 v. en muestra acanalada. Luego tejer
en la sig. sucesión de muestras y rayas:

1.ª v.: en c. natural tejer todos los p. del derecho.

2.ª v.: en c. amarillo neón tejer todos los p. del
revés.

3.ª-7.ª v.: en c. amarillo neón tejer liso del derecho.

8.ª v.: en c. natural tejer todos los p. del revés.

9.ª v.: en c. natural tejer todos los p. del derecho.

10.ª v.: en c. fresa neón tejer todos los p. del revés.

11.ª-14.ª v.: en c. fresa neón tejer liso del derecho.

15.ª v.: en c. naranja neón tejer todos los p.
del revés.

16.ª v.: en c. naranja neón tejer todos los p.
del derecho.

17.ª-19.ª v.: en c. naranja neón tejer liso del
derecho y en cada v. tejer juntos, repartidos
por igual, 8x 2 p. del derecho.
Quedan todavía 8 p. en las ag.

TERMINACIÓN

Cortar el hilo, pasarlo por los restantes 8 p.,
apretar juntos y rematar. Hacer un pompón
de 10 cm Ø (ver página 95) y coserlo al gorro.

Consejo: como de los ovillos de 200 g solo se
utilizan unos 50 g, con el material sobrante
se pueden tejer más gorros.

Caótico

[NADJA BRANDT]

GRADO DE DIFICULTAD

TAMAÑO

Contorno de cabeza: 50-54 cm

MATERIALES

Atelier Zitron Trekking XXL (420 m/
100 g) en verde claro (c. 483), 100 g

Juego de agujas, de 3,5 mm

Marcador de puntos

PRUEBA DE PUNTOS

Liso del derecho con ag. de 3,5 mm:
26 p. y 40 pas. = 10 x 10 cm

MUESTRA TIRA

Tejer 2 p. del derecho y 2 p. del revés,
en alternancia.

LISO DEL DERECHO

Tejer en v. todos los p. del derecho.

INSTRUCCIONES

Montar 116 p. sin apretar, cerrar para formar
un círculo y tejer 12 v. en muestra tira. Tejer 8 v.
con p. liso del derecho. En la 9.ª v. tejer para la
primera pestaña 82 p. del derecho, luego *
contar 8 v. hacia abajo, de estos p. coger ambas
partes con la ag. derecha y cerrar del derecho el
sig. p. de la ag. izquierda, pasar también el hilo
por las dos partes del p. ya cogido. A partir de *
rep. otras 9x. Tejer los sig. p. de la v. lisos del
derecho. Después de cerrar la 1.ª pestaña (esta
aparece en la parte interior tejida del revés)
tejer otras 8 v. lisas del derecho.

A continuación, coser otras 3 pestañas de la
misma forma, pero para la 2.ª pestaña contar solo
6 v. hacia abajo y después del p. derecho de la v.
tejer solamente 7 v. lisas del derecho, para la
3.ª pestaña contar 5 v. hacia abajo y trabajar
6 v. lisas del derecho, para la 4.ª pestaña contar
también 5 v. hacia abajo y tejer otras 5 v. lisas
del derecho.

Tejer 24 p. lisos del derecho; luego, en el
siguiente tramo-pestañas trabajar la 1.ª pestaña
sobre 10 p., contar 8 v. hacia abajo, tejer los
restantes p. lisos del derecho y cerrar con 8 v.
lisas del derecho. Trabajar otras 3 pestañas de la
misma forma, para la 2.ª pestaña contar 6 v. hacia
abajo y, después del p. derecho de la v., tejer otras

7 v. lisas del derecho, para la 3.ª pestaña contar
5 v. hacia abajo y trabajar 6 v. lisas del derecho.
Para la 4.ª pestaña contar 5 v. hacia abajo. Como
antes, tejer del derecho los sig. p. de la v.; luego,
sin embargo, tejer solamente 1 v. con p. del
derecho y después de cada 29.º p. colocar un
marcador de puntos.

En la sig. v. tejer juntos del derecho cada vez 2 p.
antes de marcar, hasta que queden solamente 8 p.

TERMINACIÓN

Cortar el hilo dejando un trozo que se pasa 2x
por los restantes p. Rematar el hilo en la parte
del derecho y volver el gorro del revés.

Muy inglés

[STEFANIE THOMAS]

GRADO DE DIFICULTAD

TAMAÑO

Contorno de cabeza: 54-56 cm

MATERIALES

Lana Grossa Royal Tweed (100 m/
50 g) en turquesa jaspeado (c. 061),
100 g

Vlies rígido u hoja sintética estable,
20 x 10 cm

Juego de agujas, de 4,5 mm, o agujas
circulares de 4,5 mm y 60 cm de largo

Imperdibles

Aguja de coser

PRUEBA DE PUNTOS

En muestra trenza con ag. de 4,5 mm
18 p. x 30 pas. o liso del derecho
14 p. x 30 pas. = 10 x 10 cm

PATRÓN

Página 90

MUESTRA TRENZA

Tejer conforme al esquema de puntos. Solo se
han dibujado las v. impares, en las v. pares tejer
los p. tal como aparecen. Trabajar la serie de 12 p.
un total de 8x, 1x las v. 1.ª-18.ª, tejer 1x las
v. 9.ª-18.ª, luego tejer 1x las v. 19.ª -22.ª.

```
21
19
17
15
13
11
9
7
5
3
1
```
Serie = 12 p.

− = 1 p. del revés.
■ = 1 p. del derecho.
■■/■■ = Poner 2 p. en una ag. auxiliar por detrás
de la labor, tejer 2 p. del derecho, luego tejer del
derecho los 2 p. de la ag. auxiliar.

MUESTRA ACANALADA

Tejer 2 p. del derecho y 2 p. del revés,
en alternancia.

LISO DEL DERECHO

En v. tejer todos los p. del derecho.

INSTRUCCIONES

Montar 96 p. y cerrar para formar un círculo.
Tejer 30 v. en muestra acanalada. Luego tejer la
muestra trenza conforme al esquema de puntos
(= 32 v.). En la 33.ª v. tejer siempre juntos los 2 p.
del revés (= 80 p.). En la sig. v. tejer los p. tal
como aparecen. Después seguir la labor con p.
lisos del derecho y en la sig. v. * tejer juntos 2 p.
del derecho. Tejer 1 p. del derecho. A partir de *
rep. siempre, hasta que en la ag. queden 53 p. En
la sig. v. tejer juntos los dos primeros p. (= 52 p.)
y tejer un total de 6 v. lisas del derecho. En la sig.
v. tejer siempre juntos 2 p. del derecho (= 26 p.).
Tejer otras 4 v. lisas del derecho.

TERMINACIÓN

Cortar el hilo, juntar todos los p. con una ag.
y rematar los hilos.
Del patrón de la página 90 calcar en papel la
visera del gorro sin suplementos y cortarla
en el vlies o en la hoja de material sintético.
Doblar por la mitad hacia fuera la tira del gorro
(muestra acanalada). Colocar la visera en la mitad
delantera y sujetarla con alfileres. Antes de fijar
la visera, coser a mano las dos mitades de la tira.

De chocolate

[EWA JOSTES]

GRADO DE DIFICULTAD

TAMAÑO
Contorno de cabeza: 60 cm

MATERIALES
Schoppel Reggae (100 m/50 g)
en crema chocolate (c. 1993), 100 g

Aguja circular, de 4,5 mm y 60-80 cm
de largo

PRUEBA DE PUNTOS
Musgo del derecho con ag. de 4,5 mm:
18 p. y 38 pas. = 10 x 10 cm

MUSGO DEL DERECHO
Tejer del derecho en pas. de ida y vuelta.

PUNTOS DOBLES
Deslizar el 1.er p. a la ag. de trabajo, tirar hacia
atrás con fuerza del hilo de trabajo, de forma que
en la ag. de trabajo se vean las dos partes del p.
Este p.d. se cierra luego como 1 p.

INSTRUCCIONES

Montar 40 p., el extremo del hilo debe tener la
longitud necesaria para poder luego rematar
bien los p.

1.ª-4.ª pas.: tejer todos los p. del derecho.

5.ª pas.: tejer todos los p. hasta el último p.
del derecho, girar.

6.ª pas.: trabajar 1 p.d., tejer los restantes p.
del derecho, girar.

7.ª pas.: tejer del derecho todos los p. hasta el p.d.,
girar.

Rep. otras 3x las pas. 6.ª y 7.ª, tejer luego 1x
la 6.ª pas.

15.ª pas.: tejer del derecho todos los p. hasta
los dos últimos p. antes del p.d. (= 33 p.), girar
la labor.

16.ª pas.: trabajar 1 p.d., tejer del derecho
los restantes p., girar.

Rep. otras 7x las pas. 15.ª y 16.ª, ahora hay
un total de 12 p.d. en la ag.

29.ª pas.: tejer del derecho todos los p., incluso
los p.d., cerrar estos siempre como 1 p. (= en total
40 p.).

Rep. 5x las pas. 1.ª-29.ª.

Cerrar los p. sin apretar y coser juntos los bordes.

TERMINACIÓN
Con el hilo inicial enfilar en una ag. los 12 p.
de la punta del gorro, juntarlos y rematar.

Refrescante

[SUSANNA BRÜHL]

GRADO DE DIFICULTAD

TAMAÑO
Contorno de cabeza: 52-56 cm

MATERIALES
Schachenmayr/SMC Cotton Bamboo
(120 m/50 g) en violeta (c. 49)
y grafito (c. 98), 100 g de cada una

Schachenmayr/SMC Catania
(125 m/50 g) en jade (c. 253), 100 g

Juego de agujas, de 4 mm y 20 cm
de largo

PRUEBA DE PUNTOS
Liso del derecho con ag. de 4 mm
e hilo doble:
19 p. y 31 pas. = 10 x 10 cm

MUESTRA TIRA
Tejer 3 p. del derecho y 1 p. del revés,
en alternancia.

MUESTRA ACANALADA
Tejer 10 p. del derecho, 2 p. del revés
en alternancia.

Advertencia: todo el gorro se teje con hilo
doble.

INSTRUCCIONES

Montar en c. grafito 96 p., repartirlos por igual
en 4 ag. y cerrar para formar un círculo. Procurar
que el borde inicial no se retuerza. A continuación,
tejer 13 v. en muestra tira. Cambiar a c. violeta y
trabajar otras 4 v. en muestra tira.

Girar la tira y seguir la labor hasta el actual lado
interior con 2 v. del derecho para tener así un
borde inicial más perfecto.

Después trabajar 25 v. en muestra acanalada.
Seguir con 13 v. seguidas en c. jade y 6 v. en
c. grafito con la muestra acanalada. Comenzar
en la sig. v. con los menguados. Para ello, volver
a distribuir los p. en las 4 ag. Por cada ag.: 1 p. del
revés, 10 p. del derecho, 2 p. del revés, 10 p.
del derecho, 1 p. del revés.
Trabajar el 1.er menguado de la sig. forma: *tejer
juntos 2 p. del revés, 8 p. del derecho, tejer juntos
2 p. del revés, tejer juntos 2 p. del revés, 8 p. del
derecho, tejer juntos 2 p. del revés, a partir de *
rep. otras 3x (= 80 p.). En la sig. v. tejer todos los
p. del derecho, luego volver a trabajar una v. de
menguados. Para ello, tejer juntos del revés como
en la 1.ª v. de menguados cada vez los p. del revés

con el p. anterior o posterior y reducir el número
de los p. del derecho que se encuentran entre
medias. A partir de ahora alternar las v. con p.
del derecho y las v. con menguados hasta que
solo queden 8 p.

TERMINACIÓN
Cortar el hilo, enfilarlo por los 8 p. restantes
y rematar.

Consejo: se trabaja más fácilmente con hilo
doble cuando ambos hilos se han enrollado
antes en un nuevo ovillo.
Un marcador de puntos facilita contar las
vueltas. En lugar de un marcador se puede
utilizar simplemente un lazo de hilo anudado.

No me olvides

[URSULA Y MELANIE MARXER]

GRADO DE DIFICULTAD

TAMAÑO
Contorno de cabeza: 52-55 cm

MATERIALES
Lana Grossa Ragazza Everybody
(75 m/100 g) en borgoña/rojo vino/
cereza (c. 02), 150 g

Agujas de punto, de 10 mm

PRUEBA DE PUNTOS
Liso del derecho con ag. de 10 mm:
10 p. y 15 pas. = 10 x 10 cm

MUESTRA ACANALADA 1
Tejer 1 p. del derecho y 1 p. del revés,
en alternancia.

MUESTRA ACANALADA 2
Tejer 2 p. del derecho y 2 p. del revés,
en alternancia.

LISO DEL DERECHO
Tejer en las pas. de ida p. del derecho,
en las pas. de vuelta p. del revés.

INSTRUCCIONES

Montar 16 p. y tejer 2 pas. en muestra acanalada 1.
En la sig. v. duplicar todos los p. del derecho y
del revés efectuando el aumento del hilo diagonal
(= 32 p.). Tejer otras 60 pas. en muestra
acanalada 2. En la pas. 64.ª tejer siempre juntos
los p. del derecho y del revés. Tejer otra v. en
muestra acanalada 1. Cerrar todos los p.

TERMINACIÓN
Poner el tejido por la mitad de forma que los dos
bordes cortos se encuentren situados uno encima
del otro. Coser junto a uno de los bordes largos.
Fruncir con un hilo los bordes cortos y coserlos
para que queden bien sujetos. Montar, para la
flor, 5 p. Tejer una tira lisa del derecho de aprox.
1 m de largo. Fruncir uno de los bordes largos de
la tira, coserlo y formar así una flor. En el centro
de la flor se pone una mota que se teje a
ganchillo de la sig. forma: 1 p.a., 5 bas. en el p.a.
y cerrar estos juntos. Coser la mota en el centro
de la flor. A continuación, coser la flor sobre
la costura fruncida.

Luces primaverales

[SYLVIE RASCH]

GRADO DE DIFICULTAD

TAMAÑO

Contorno de cabeza: 52-58 cm

MATERIALES

Schoppel Cashmere Queen (140 m/
50 g) en bosque (c. 6165), 50 g

Juego de agujas, de 3,5 mm
y de 6 mm

PRUEBA DE PUNTOS

Liso del derecho con ag. de 6 mm:
18 p. y 22 pas. = 10 x 10 cm

MUESTRA CON ESTRELLAS

Tejer todas las v. conforme al esquema de puntos.
Tejer 8x la serie de 12 p., trabajar 1x las v. 1.ª-76.ª.

INSTRUCCIONES

Con ag. de 3,5 mm montar 96 p. y tejer en muestra
con estrellas conforme al esquema de puntos.
Después de las 12 primeras v. (= tira) cambiar

a las ag. de 6 mm y seguir la labor conforme al
esquema de puntos. En la última v. hay todavía
2 p. en cada ag.

TERMINACIÓN

Cortar el hilo, pasarlo por el resto
de los p., apretar y rematar.

⬛ = 1 p. del derecho.

— = 1 p. del revés.

◣ = Deslizar 1 p. como para
tejer del derecho, el sig. p. se teje
del derecho, pasar por encima
el p. deslizado.

◢ = Tejer juntos 2 p.
del derecho.

○ = 1 arr.

◆ = 1 p. del derecho cruzado.

▲ = Pasar por encima 3 p. del
derecho: deslizar 1 p. como para
tejerlo del derecho, tejer juntos
2 p. del derecho, pasar por encima
el p. deslizado.

◸ = 1 aumento inclinado a la
derecha: tejer el p. conforme a
la muestra. Luego, con la ag.
izquierda, de la parte de atrás
coger la cabeza del p. que se
encuentra en la pas. anterior bajo
el p. así tejido y cerrar este
del derecho.

◺ = 1 aumento inclinado a la
izquierda. Con la ag. derecha,
desde la parte de atrás coger la
cabeza del p. que se encuentra
en la pas. anterior bajo el p. sig.
a tejer. Cerrar este cruzado a la
derecha, luego tejer el p. conforme
a la muestra.

⬛◢/◣⬛ = Poner 1 p. en una ag.
auxiliar por detrás de la labor,
deslizar 1 p. como para tejer del
derecho con el hilo por detrás del
p. (no tejerlo), luego deslizar el p.
de la ag. auxiliar y no tejerlo.

⬛◢/◣— = Poner 1 p. en una ag.
auxiliar por detrás de la labor,
deslizar 1 p. con el hilo por detrás
de la labor (no tejerlo), luego tejer
del derecho el p. de la ag. auxiliar.

◣⬛◢⬛ = Poner 1 p. en una ag.
auxiliar por delante de la labor,
luego deslizar el p. de la ag.
auxiliar como para tejer del
derecho con el hilo por detrás
del p. (no tejerlo).

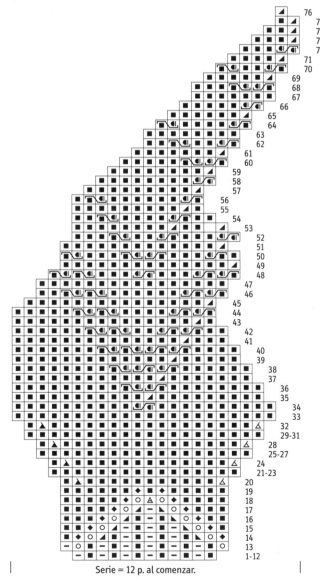

Serie = 12 p. al comenzar.

Sentimientos primaverales

[SUSANNA BRÜHL]

GRADO DE DIFICULTAD

TAMAÑO

Contorno de cabeza: 52-56 cm

MATERIALES

Schöller y Stahl Limone (125 m/50 g)
en abedul (c. 111) y turquesa (c. 131),
100 g de cada una, y azur (c. 136), 50 g

Aguja circular, de 4 mm y 60 cm
de largo

PRUEBA DE PUNTOS

Liso del derecho con ag. de 4 mm
e hilo doble:
20 p. y 28 pas. = 10 x 10 cm

LISO DEL DERECHO

Tejer en v. todos los p. del derecho.

LISO DEL REVÉS

Tejer en v. todos los p. del revés.

MUESTRA TIRA

Tejer 3 p. del derecho y 1 p. del revés,
en alternancia.

Advertencia: todo el gorro se teje
con hilo doble.

INSTRUCCIONES

Montar 96 p. en c. turquesa en la ag. circular y
cerrar para formar un círculo. Procurar que el
borde inicial no se retuerza. Luego trabajar 16 v.
en muestra tira. A continuación, volver la tira y
seguir la labor por la actual parte interior. Tejer
23 v. lisas del derecho. En la v. 41.ª cambiar a
c. azur y tejer 1 v. lisa del derecho. Tejer 16 v. lisas
del derecho en c. abedul, 1 v. lisa del derecho en
c. azur. Le siguen 4 v. lisas del derecho en c. azur,
tejer 16 v. lisas del derecho en c. abedul y 1 v. lisa
del derecho en c. azur. Tejer 3 v. lisas del derecho
en c. azur. En c. abedul tejer 16 v. lisas del
derecho. Luego, en c. azur tejer 1 v. lisa del
derecho y 2 v. lisas del revés. Ahora tejer 1 v. con
p. del revés y trabajar 1 v. con muestra pasacintas
para pasar los cordones de la sig. forma: después

de cada 11.º p. trabajar 1 arr. y tejer juntos del
revés los 2 p. sig. En la sig. v. tejer del revés todos
los p. y arr. Tejer en c. turquesa 3 v. lisas del
derecho. En la v. 113.ª todos los p. se trabajan
como cierre dentado. Para ello, cerrar 4 p.,
*el último p. de la ag. derecha se desplaza
nuevamente hacia atrás a la ag. izquierda, sacar
4 p. de este p., cerrar 12 p. A partir de * seguir
siempre hasta que se hayan cerrado todos los p.
Hay 12 dientecillos.

TERMINACIÓN

Cortar el hilo y rematar todos los hilos por la
parte interior del gorro. A continuación, hacer
con los hilos dos cordones o cuerdas trenzadas
de 60 cm de largo. Introducir los cordones
contrapuestos por los agujeros previstos, es decir,
donde un cordón está enfilado de fuera hacia
dentro, el otro se enfila de dentro hacia fuera.
Cerrar cada cordón para formar un círculo y
anudarlos. El gorro puede apretarse donde se
desee, esconder los extremos del cordón en
el gorro o bien dejarlos colgando.

Consejo: este modelo se puede usar como gorro
o como bufanda según se dejen ambas cuerdas
abiertas o se junten. Resulta más fácil trabajar
con hilo doble cuando ambos hilos se han
enrollado juntos previamente en un nuevo
ovillo.

Sueños floridos

[SYLVIE RASCH]

GRADO DE DIFICULTAD

TAMAÑO

Contorno de cabeza: 54-60 cm

MATERIALES

Schachenmayr/SMC Alpaka Premium
(100 m/50 g) en fucsia (c. 135), 100 g

Juego de agujas, de 3,5 mm
y de 6 mm

PRUEBA DE PUNTOS

Liso del derecho con ag. de 6 mm:
18 p. y 24 pas. = 10 x 10 cm

MUESTRA FLOR

Entre las v. 19.ª -34.ª solo se han dibujado las v.
impares; en las v. pares tejer todos los p. y arr.
del derecho. En las restantes v. tejer conforme
al esquema de puntos. Tejer la serie de 10 p. en
total 8x, trabajar 1x las v. 1.ª-71.ª.

INSTRUCCIONES

Montar 80 p. con ag. de 3,5 mm y tejer en muestra
flor conforme al esquema de puntos. Después
de las primeras 12 v. (= tira) cambiar a las ag. de
6 mm y seguir la labor conforme al esquema
de puntos. En la última v. quedan todavía 2 p.
en cada ag.

■ = 1 p. del derecho.

━ = 1 p. del revés.

Ｏ = 1 arr.

◣ = Deslizar 1 p. como para tejer del derecho,
tejer el sig. p. del derecho, pasar por encima
los p. deslizados.

◢ = Tejer juntos 2 p. del derecho.

△ = Tejer juntos 3 p. del derecho pasados
por encima: deslizar 1 p. como para tejer del
derecho, tejer juntos 2 p. del derecho, pasar
por encima el p. deslizado.

➕ = Aumentar 1 p. del derecho cruzado
cogido del hilo diagonal.

∩ = Tejer juntos 3 p. con el p. que se
encuentra en el centro: deslizar 2 p.
simultáneamente como para tejer del derecho,
tejer 1 p. del derecho, pasar por encima el p.
deslizado.

TERMINACIÓN

Cortar el hilo, pasarlo por los p. restantes
y rematar.

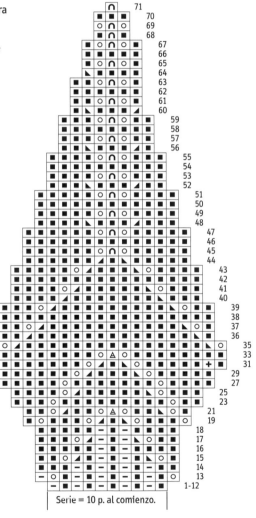

Serie = 10 p. al comienzo.

Pequeños cuadritos

[EWA JOSTES]

GRADO DE DIFICULTAD

TAMAÑO

Contorno de cabeza: 57 cm

MATERIALES

Schoppel Admiral (420 m/100 g)
en natural (c. 980), 100 g, Schopell
Crazy Zauberball (420 m/100 g)
en primaveral (c. 2136), 100 g

Juego de agujas, de 2,5 mm

6 marcadores de puntos

PRUEBA DE PUNTOS

1 patch con ag. de 2,5 mm,
27 p. = 4 cm

MUSGO DEL DERECHO

Tejer en v. 1 v. p. del derecho y 1 v. p. del revés,
en alternancia.

PATCH

Los patch se tejen en pas. de ida y vuelta, tejer
siempre del derecho el 1.er y el último p. en pas.
de ida y vuelta.

1.ª pas.: con c. natural tejer 12 p. del derecho,
tejer juntos 3 p. del derecho, 12 p. del derecho.

2.ª pas.: con c. primaveral tejer todos los
p. del derecho.

3.ª pas.: con c. primaveral tejer 11 p. del revés,
tejer juntos 3 p. del revés, 11 p. del revés.

4.ª pas.: con c. natural tejer todos los p. del
derecho.

5.ª pas.: con c. natural tejer 10 p. del derecho, tejer
juntos 3 p. del derecho, 10 p. del derecho.

6.ª pas.: con c. primaveral tejer todos los p.
del derecho.

7.ª pas.: con c. primaveral 9 p. del revés, tejer
juntos 3 p. del revés, 9 p. del revés.

Seguir conforme a este esquema y en cada pas.
de ida tejer juntos 3 p. hasta que solo quede
1 p. en la ag. Mantener la sucesión de colores
y el cambio de pas. del derecho y del revés.

INSTRUCCIONES

Montar 27 p. y dejar la hebra del pulgar de un
largo tal como para poder coger con ella
posteriormente 140 p. Tejer el 1.er patch. Luego
coger el patch terminado con la mano izquierda,
de forma que la costura inclinada vaya de abajo a
la derecha hacia arriba a la izquierda y el último
p. se encuentre en la ag. de la mano derecha.
El borde inicial forma el borde inferior y el borde
derecho del patch. Del borde izquierdo del patch
sacar para tejer otros 12 p. del derecho con
c. Admiral (= 13 p.). Del hilo del pulgar y del hilo
de trabajo montar otros 14 p. (= 27 p. para el
2.º patch). Tejer de esta forma otros 8 patch.
Apartar ambos hilos. Montar 13 p. con c. natural
para la 2.ª pas. del patch y del borde superior
del 1.er patch de la 1.ª pas. del patch, sacar 14 p.
para tejerlos. De estos 27 p. tejer el 11.º patch.
Luego sacar para tejer otros 27 p. del borde
izquierdo del nuevo patch tejido y del borde
superior del patch sacar para tejer la 1.ª pas. de
patch. De igual forma, trabajar los 10 patch de la
2.ª pas. de patch. Dejar colgando el hilo con una
longitud suficiente como para que se puedan
coser bien las tiras de patch. Apartar el hilo
y coser juntas las tiras como una diadema.
A continuación, del borde inferior de cada patch
sacar 14 p. del derecho y tejer con c. natural
(= 140 p.).
Repartir los p. entre las 4 ag. del juego (= 35 p.
por ag.) y tejer 8 pas. en p. musgo del derecho.
Cerrar los p. sin apretar.

Continúa en la página 90.

Para la parte superior del gorro, del borde superior de cada patch sacar para tejer 13 p. con c. natural (= 130 p.). Repartir los p. en el j.ag. de tal forma que en 2 ag. se encuentren p. de 2 patch, en las otras 2 ag. 3 p. de patch. En la 2.ª v. (p. del revés con c. natural), tras cada 13.er p. poner un marcador de puntos y seguir de la sig. forma:

1.ª v.: con c. natural tejer todos los p. del derecho (en la 1.ª v. después de las tiras de patch es esta la pas. de la que se sacaron los p.).

2.ª v.: con c. natural tejer todos los p. del revés.

3.ª + 4.ª v.: con c. Crazy Zauberball tejer todos los p. del derecho.

5.ª v.: con c. natural tejer todos los p. del derecho.

6.ª v.: con c. natural tejer todos los p. del revés.

7.ª v.: con c. primaveral tejer todos los p. del derecho y tejer siempre juntos del derecho los dos últimos p. anteriores al marcador de puntos (= 120 p.).

8.ª v.: con c. primaveral tejer todos los p. del derecho.

Trabajar las v. 1.ª-8.ª un total de 4x (= 90 p.). A continuación, tejer 4 v. de la sig. forma:

1.ª v.: con c. natural tejer todos los p. del derecho.

2.ª v.: con c. natural tejer todos los p. del revés.

3.ª v.: con c. primaveral tejer todos los p. del derecho, en ellas tejer juntos del derecho cada vez los dos últimos p. anteriores al marcador de puntos.

4.ª v.: con c. primaveral tejer todos los p. del derecho.

Trabajar 4x estas 4 v., todavía quedan 50 p. en la ag. A continuación, disminuir en cada 2.ª v. antes del marcador de puntos hasta que queden solamente 10 p. en la ag.

TERMINACIÓN

Cortar el hilo, pasarlo por los p. restantes y rematar.

Patrones

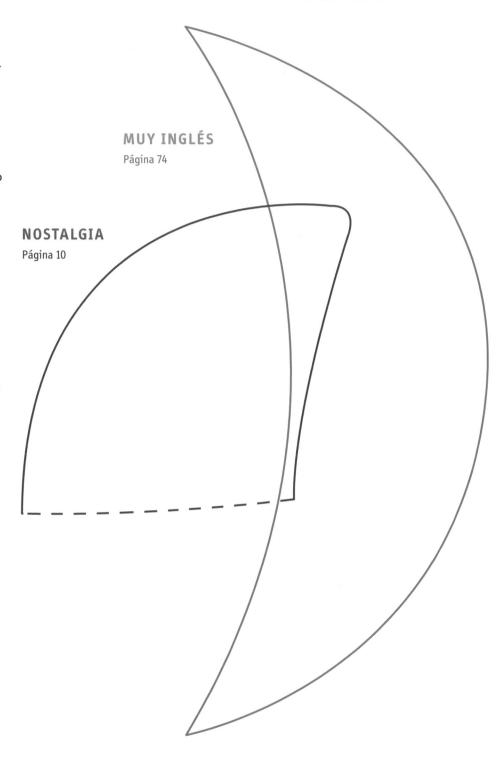

MUY INGLÉS
Página 74

NOSTALGIA
Página 10

ESQUEMA DE PUNTOS

NATURALEZA PURA

Página 8

◻ = P. del revés.

◼ = P. del derecho.

◢ = Tejer juntos 2 p. del derecho.

◣ = Deslizar 1 p. como para tejer del derecho, tejer el sig. p. del derecho, pasar por encima el p. deslizado.

◿ = Tejer juntos 2 p. del revés.

▲ = Tejer juntos 3 p. del derecho pasados por encima: deslizar 1 p. como para tejer del derecho, tejer juntos 2 p. del derecho, pasar por encima el p. deslizado.

= Poner 2 p. en una ag. auxiliar por delante de la labor, tejer 1 p. del derecho, luego tejer del derecho los 2 p. de la ag. auxiliar.

= Poner 1 p. en una ag. auxiliar por detrás de la labor, tejer 2 p. del derecho, luego tejer del derecho el p. de la ag. auxiliar.

= Poner 2 p. en una ag. auxiliar por delante de la labor, tejer 1 p. del revés, luego tejer del derecho los 2 p. de la ag. auxiliar.

= Poner 1 p. en una ag. auxiliar por detrás de la labor, tejer 2 p. del derecho, luego tejer del revés el p. de la ag. auxiliar.

= Poner 2 p. en una ag. auxiliar por detrás de la labor, tejer 2 p. del derecho, luego tejer del derecho los 2 p. de la ag. auxiliar.

= Poner 2 p. en una ag. auxiliar por delante de la labor, tejer 2 p. del derecho, luego tejer del derecho los 2 p. de la ag. auxiliar.

= Poner 3 p. en una ag. auxiliar por detrás de la labor, tejer 3 p. del derecho, luego tejer del derecho los 3 p. de la ag. auxiliar.

= Poner 3 p. en una ag. auxiliar por delante de la labor, tejer 3 p. del derecho, luego tejer del derecho los 3 p. de la ag. auxiliar.

NOSTALGIA

Página 10

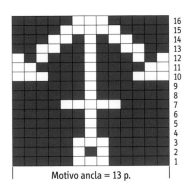

Motivo ancla = 13 p.

◻ = Tejer 1 p. del derecho (= pas. de ida) o del revés (= pas. de vuelta), luego pasar 1 rocalla blanca sobre el p.

◼ = Tejer 1 p. del derecho (= pas. de ida) o del revés (= pas. de vuelta).

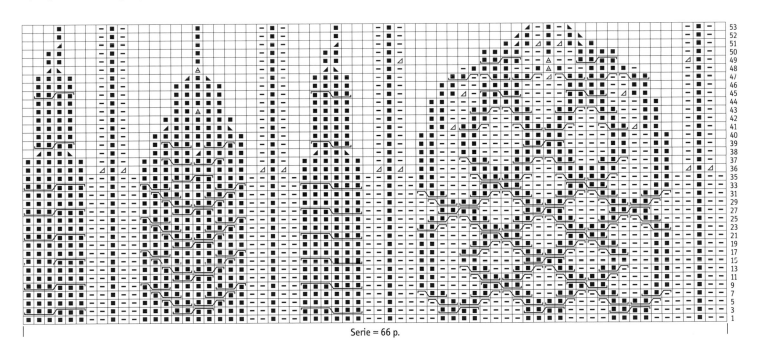

Serie = 66 p.

SUPERDISCRETO

Página 28

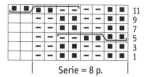

Serie = 8 p.

− = 1 p. del revés.

■ = 1 p. del derecho.

☐ = Sin significado, se utiliza para una mejor comprensión.

⌐−−■■■⌐ = Poner 2 p. en una ag. auxiliar por delante de la labor, tejer 2 p. del derecho y 2 p. del revés, luego tejer del derecho los 2 p. de la ag. auxiliar.

■■■■−−⌐ = Poner 4 p. en una ag. auxiliar por detrás de la labor, tejer 2 p. del derecho, luego tejer los p. de la ag. auxiliar: 2 p. del revés y 2 p. del derecho.

MISTERIOSO

Página 60

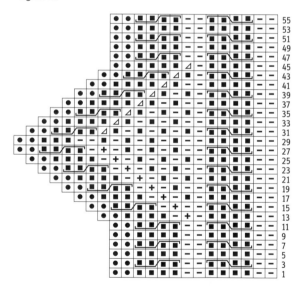

■ = 1 p. del derecho.

− = 1 p. del revés.

● = 1 p. orillo.

+ = Aumentar del hilo transversal 1 p. del derecho cruzado.

◿ = Tejer juntos 2 p. del revés.

■■■■■■ = Poner 2 p. en una ag. auxiliar por delante de la labor, tejer 2 p. del derecho, luego tejer del derecho los 2 p. de la ag. auxiliar.

■■■■■■ = Poner 2 p. en una ag. auxiliar por detrás de la labor, tejer 2 p. del derecho, luego tejer del derecho los 2 p. de la ag. auxiliar.

MUY AL NORTE

Página 44

■ = 1 p. del derecho en c. marino.

■ = 1 p. del derecho en c. cereza.

☐ = 1 p. del derecho en c. blanco lana.

+ = Aumentar 1 p. del derecho cruzado del hilo transversal.

◤ = Tejer juntos 2 p. del derecho.

◣ = Deslizar 1 p. como para tejer del derecho, tejer del derecho el sig. p., pasar por encima el p. deslizado.

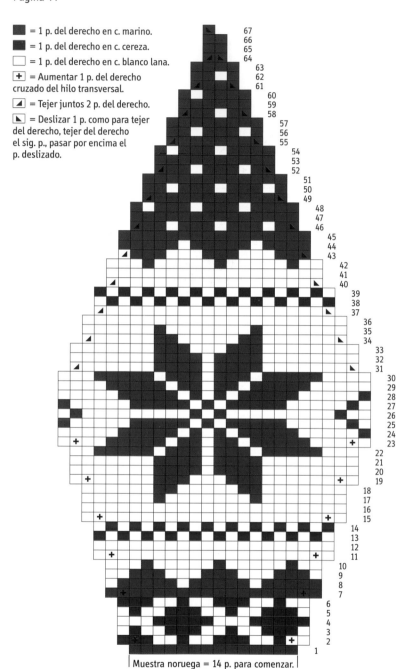

Muestra noruega = 14 p. para comenzar.

SUEÑO INVERNAL

Página 32

Muestra con estrellas

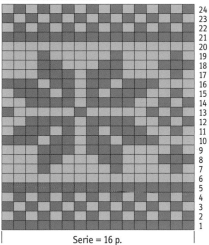

Serie = 16 p.

Muestra reja

4
3
2
1

Serie = 2 p.

Muestra punto

4
3
2
1

Serie = 4 p.

 = 1 p. en c. gris claro jaspeado.

= 1 p. en c. Janina Color.

A VECES ASÍ

Página 54

Muestra trenza pequeña

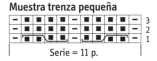

3
2
1

Serie = 11 p.

Muestra trenza grande

16
15
14
13
12
11
10
9
8
7
6
5
4
3
2
1

Serie = 33 p.

 = 1 p. del revés.

 = 1 p. del derecho.

 = Poner 2 p. en una ag. auxiliar por detrás de la labor, tejer 2 p. del derecho, luego tejer del derecho los 2 p. de la ag. auxiliar.

 = Poner 2 p. en una ag. auxiliar por delante de la labor, tejer 2 p. del derecho, luego tejer del derecho los 2 p. de la ag. auxiliar.

 = Poner 2 p. en una ag. auxiliar por delante de la labor, tejer 1 p. del revés, luego tejer del derecho los 2 p. de la ag. auxiliar.

 = Poner 1 p. en una ag. auxiliar por detrás de la labor, tejer 2 p. del derecho, luego tejer del revés el p. de la ag. auxiliar.

 = Poner 3 p. en una ag. auxiliar por detrás de la labor, tejer 2 p. del derecho, luego tejer los p. de la ag. auxiliar, 1 p. del revés, tejer 2 p. del derecho.

 = Poner 3 p. en una ag. auxiliar por delante de la labor, tejer 2 p. del derecho, poner el p. izquierdo de la ag. auxiliar hacia atrás en la ag. con p. y tejer del revés, luego tejer del derecho los restantes 2 p. de la ag. auxiliar.

Muestra con rombos

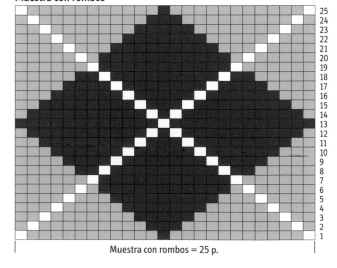

25
24
23
22
21
20
19
18
17
16
15
14
13
12
11
10
9
8
7
6
5
4
3
2
1

Muestra con rombos = 25 p.

 = 1 p. en c. gris claro jaspeado.

 = 1 p. en c. blanco.

 = 1 p. en c. negro.

Instrucciones básicas

COMIENZO ABIERTO

El comienzo abierto se adapta perfectamente al punto. Después de soltar la cadeneta de puntos al aire, los puntos abiertos pueden volver a cogerse y tejerse o rematarse en punto malla. Con un hilo en un color que contraste, tejer una cadeneta floja de puntos al aire. El comienzo abierto se trabaja con mayor facilidad si se tejen a ganchillo unas diez lazadas más, que deben montarse como puntos. De la parte de atrás de los puntos transversales de la cadeneta de puntos al aire se sacan los nuevos puntos para tejer. Procurar no pinchar en el hilo de contraste, ya que entonces el comienzo no podría deshacerse de un tirón. También hay que tener en cuenta que luego se podrá coger un punto menos de los que se montaron, pues de la lazada resulta un medio punto invertido, así en ambos bordes "se pierde" cada vez medio punto.

INCORPORAR CUENTAS

Tejer primero el punto en el que se va a enganchar la cuenta y volverlo a colgar en la aguja de tejer izquierda. Luego enfilar una cuenta en la aguja y subir el punto de la aguja de hacer punto con la aguja para enfilar cuentas.

Pasar la aguja por el punto y llevarla a través de la cuenta enfilada.

Después pasar el punto con la lazada que se ha formado por la cuenta y colocar así la cuenta sobre el punto.

Con ayuda de la lazada de hilo colgar el punto en la aguja derecha y volver a sacar el hilo.

También se puede colgar el punto en la aguja de tejer izquierda y desde ahí deslizarlo con la aguja de tejer derecha.

Otra posibilidad, aunque más arriesgada, es sacar primero el hilo del punto y luego coger el punto con la aguja derecha o izquierda.